COUP DE POUCE

COLLECTION
CULINAIRE

DESSERTS
FABULEUX

Les compagnies canadiennes suivantes ont participé à la production
de cette collection: Colour Technologies, Fred Bird & Associates Limited,
Gordon Sibley Design Inc., On-line Graphics, Les Éditions Télémédia Inc. et
The Madison Book Group Inc.

Coup de pouce est une marque déposée des Éditions Télémédia Inc.
Tous droits réservés, qu'ils aient été déposés ou non.

Nous remercions pour leur contribution
Drew Warner, Joie Warner et Flavor Publications.

Cette collection est une production de:
The Madison Book Group Inc.
40 Madison Avenue
Toronto, Ontario
Canada
M5R 2S1

DESSERTS FABULEUX

■ *Couverture:*
Pâté au chocolat
(p. 11).

Avec ce livre, et les 65 succulents desserts qu'il contient, rien de plus simple que de choisir le dessert idéal en toutes circonstances. Vous y trouverez le bon dessert pour la bonne occasion et selon la saison! Le *Croustillant à la rhubarbe* avec le retour du printemps; le *Gâteau au citron et aux bleuets*, la *Glace à la framboise* ou les *Shortcakes aux fruits d'été* pour les jours chauds de la belle saison; la *Tarte rustique aux prunes et aux nectarines* ou la *Tarte aux pommes et aux canneberges* avec les récoltes de l'automne; le *Croustillant aux cerises* ou le *Pouding au pain au chocolat et sauce au Grand Marnier* devant le feu de la cheminée. Ou le super riche et crémeux *Gâteau au fromage au chocolat blanc*... bon en tout temps!

Desserts fabuleux est un des huit livres de la COLLECTION CULINAIRE COUP DE POUCE. Chaque livre présente des plats faciles et savoureux que vous ne vous lasserez pas de cuisiner. Toutes les recettes de la collection ont été sélectionnées et expérimentées avec soin pour vous assurer des résultats parfaits en tout temps. En collectionnant les huit livres, vous pourrez choisir parmi plus de 500 plats ceux qui, jour après jour, donneront un air de fête à tous vos repas.

Carole Schinck

Carole Schinck
Rédactrice en chef, *Coup de pouce*

Meringue glacée surprise

Chocolat, meringue, crème et framboises composent un dessert à la saveur riche et à la texture surprenante.

6 oz	chocolat mi-sucré, fondu	175 g
2 t	crème à 35 %	500 ml
1/4 t	sucre glace	60 ml
1/4 t	kirsch	60 ml
1	paquet (300 g) de framboises congelées non sucrées, dégelées et égouttées	1
12	coquilles de meringue de 2 po (5 cm)	12
	SAUCE	
1	paquet (300 g) de framboises congelées non sucrées	1
2 c. à tab	sucre glace	30 ml
2 c. à tab	kirsch	30 ml
	DÉCORATION (facultatif)	
	Framboises	

■ Tapisser les parois d'un moule à parois amovibles avec du papier-parchemin, en attachant avec une épingle les deux extrémités du papier. Badigeonner le papier avec le chocolat fondu. Mettre au réfrigérateur pendant 10 minutes, jusqu'à ce que le chocolat soit ferme. Badigeonner d'une seconde couche de chocolat et remettre au réfrigérateur.

■ Dans un grand bol, fouetter la crème, puis y incorporer en battant le sucre et le kirsch. Incorporer les framboises en pliant la préparation. Broyer finement les coquilles de meringue et incorporer à la préparation aux framboises en pliant. Verser la préparation dans le moule et lisser la surface. Couvrir de papier d'aluminium et mettre au congélateur pendant 5 heures ou jusqu'à ce que la préparation soit ferme. Enlever les parois du moule et le papier-parchemin. Faire glisser le dessert sur un plat de service.

■ **Sauce:** À l'aide du robot culinaire ou du mélangeur, réduire les framboises en purée avec le sucre glace et le kirsch. Passer à travers un tamis pour enlever les graines. Couper le dessert en pointes et servir avec la sauce. Si désiré, garnir de framboises. Donne 8 portions.

GLACE À LA FRAMBOISE

Cette friandise glacée est des plus rafraîchissantes pendant les journées chaudes de l'été. Mélanger 1 1/2 tasse (375 ml) d'eau avec 3/4 tasse (175 ml) de jus de framboise concentré congelé, dégelé. Verser dans des bacs à glaçons et congeler. À l'aide du robot culinaire, réduire en cristaux la moitié des glaçons à la framboise. Faire de même avec le reste des glaçons. Servir dans des petits bols ou dans des cornets de papier. Donne 6 à 8 portions.

Meringue glacée surprise ▶

Bombe polynésienne

Changez les parfums de ce dessert en utilisant d'autres glaces. Les sauces doivent être de couleurs contrastées mais de saveurs complémentaires.

2 t	glace à la mangue, ramollie	500 ml
2 t	glace à la framboise, ramollie	500 ml
2 t	glace à la lime, ramollie	500 ml
	SAUCE AU KIWI ET À LA CRÈME DE MENTHE	
4	kiwis, pelés	4
1/3 t	jus d'orange	75 ml
1/4 t	sucre	60 ml
1 c. à tab	crème de menthe	15 ml
	SAUCE À LA FRAMBOISE ET AU GRAND MARNIER	
2 t	framboises	500 ml
1/4 t	sucre	60 ml
1/4 t	Grand Marnier	60 ml
	SAUCE À L'ABRICOT ET AU KIRSCH	
1 t	abricots en conserve, égouttés	250 ml
1/2 t	jus d'orange	125 ml
2 c. à tab	kirsch	30 ml

■ Étendre la glace à la mangue sur les parois d'un bol d'une capacité de 6 tasses (1,5 L), de préférence en acier inoxydable. Mettre au congélateur pendant 30 minutes. Étendre la glace à la framboise par-dessus la glace à la mangue. Remettre au congélateur pendant 30 minutes. Avec une cuillère, verser la glace à la lime au centre et lisser la surface. Couvrir de papier d'aluminium et mettre au congélateur pendant 5 heures ou jusqu'à ce que la bombe soit ferme.

■ **Sauce au kiwi et à la crème de menthe:** À l'aide du robot culinaire ou du mélangeur, réduire les kiwis en purée avec le jus d'orange, le sucre et la crème de menthe. Si désiré, passer la sauce à travers un tamis pour en retirer les graines.

■ **Sauce à la framboise et au Grand Marnier:** À l'aide du robot culinaire ou du mélangeur, réduire les framboises en purée. Passer à travers un tamis pour en retirer les graines. Incorporer le sucre et le Grand Marnier.

■ **Sauce à l'abricot et au kirsch:** À l'aide du robot culinaire ou du mélangeur, réduire les abricots en purée avec le jus d'orange et le kirsch.

■ Tremper le moule dans de l'eau chaude pour démouler la bombe. Laisser ramollir légèrement au réfrigérateur pendant 30 minutes. Napper joliment chaque assiette avec les trois sauces. Couper la bombe en pointes et déposer au centre des assiettes. Donne environ 6 portions.

Bombe polynésienne ▶

Bombe de Noël et sauce au whisky

Préparez cette bombe avec d'autres crèmes glacées aux couleurs contrastées. Et, selon les parfums choisis, remplacez le whisky dans la préparation de la sauce par du cognac ou du jus d'orange.

1 t	mincemeat	250 ml
4 t	crème glacée à la vanille, ramollie	1 L
2 t	crème glacée aux fraises, ramollie	500 ml
2 t	crème glacée au chocolat ou au café, ramollie	500 ml
	SAUCE AU WHISKY	
1/2 t	beurre	125 ml
1 t	sucre	250 ml
1	oeuf	1
1/2 t	whisky	125 ml

■ Dans un grand bol, incorporer délicatement le mincemeat à la moitié de la crème glacée à la vanille. Mettre au congélateur. Étendre le reste de la crème glacée à la vanille sur les parois d'un bol, de préférence en acier inoxydable, d'une capacité de 8 tasses (2 L). Congeler pendant 30 minutes.

■ Étendre la crème glacée aux fraises sur la crème glacée à la vanille, et mettre au congélateur pendant 30 minutes. Faire de même avec la crème glacée au chocolat. Verser la préparation au mincemeat au centre et lisser la surface. Couvrir de papier d'aluminium et mettre au congélateur pendant 5 heures ou jusqu'à ce que la bombe soit ferme.

■ **Sauce au whisky:** Dans une casserole, faire fondre le beurre. Mélanger le sucre et l'oeuf, et ajouter au beurre. Cuire à feu moyen pendant 2 à 3 minutes ou jusqu'à ce que le sucre soit dissous. Laisser refroidir et incorporer le whisky.

■ Tremper le bol dans de l'eau chaude et démouler la bombe sur un plat de service. Laisser ramollir légèrement pendant 30 minutes au réfrigérateur. Verser la moitié de la sauce sur la bombe et servir le reste de la sauce en saucière. Donne 8 portions.

Trempette au fromage et aux fraises

Servez cette trempette avec des morceaux de fruits frais, tels que de l'ananas, du melon, des pommes, des poires, des pêches, des raisins ou des nectarines. Si vous ne pouvez vous procurer de fraises fraîches pour la trempette, utilisez 1/4 tasse (60 ml) de confiture de fraises.

1/4 lb	fromage à la crème, ramolli	125 g
1/2 t	crème sure	125 ml
1/2 t	fraises fraîches en purée	125 ml
2 c. à tab	cassonade tassée	30 ml
1 c. à tab	jus de citron	15 ml
	Fruits frais en morceaux	

■ À l'aide du mélangeur ou du robot culinaire, mélanger le fromage à la crème avec la crème sure, les fraises, la cassonade et le jus de citron. Verser dans un plat de service et faire refroidir au réfrigérateur. Servir avec des fruits frais. Donne environ 1 1/2 tasse (375 ml) de trempette.

Sabayon glacé

Ce dessert peut aussi être préparé avec du vin blanc au lieu de marsala. Servez-le avec des tuiles ou des biscuits aux amandes (voir Muffins et biscuits, p. 47).

6	jaunes d'oeufs	6
1/2 t	sucre	125 ml
3/4 t	marsala	175 ml
1 1/2 t	crème à 35 %	375 ml
	SAUCE	
1	boîte (14 oz/398 ml) de pêches, égouttées	1
2 c. à tab	amaretto	30 ml
	Le jus et le zeste râpé de 1 citron	
1/4 t	amandes en lamelles	60 ml
	DÉCORATION	
6 à 8	fraises	6 à 8

■ Dans une casserole à fond épais, sur un feu doux, fouetter les jaunes d'oeufs avec le sucre jusqu'à ce que la préparation soit légère et gonflée. Incorporer en fouettant le marsala et cuire doucement, en fouettant, jusqu'à ce que la préparation ait triplé de volume. Retirer du feu et laisser refroidir légèrement.

■ Fouetter la crème et l'incorporer en pliant à la préparation aux oeufs. Verser avec une cuillère dans un moule à pain de 9 × 5 po (2 L). Couvrir de papier d'aluminium et mettre au congélateur pendant 5 heures ou jusqu'à ce que le sabayon soit ferme.

■ **Sauce:** À l'aide du mélangeur ou du robot culinaire, réduire les pêches en purée avec l'amaretto et le jus de citron. Incorporer en pliant le zeste de citron et les amandes.

■ **Décoration:** Couper les fraises en plusieurs tranches en laissant la queue. Ouvrir en éventail.

■ Au moment de servir, napper les assiettes de sauce. Déposer une tranche de sabayon sur la sauce et décorer d'une fraise. Donne 6 à 8 portions.

Crème glacée aux framboises

Ce dessert rafraîchissant se prépare en cinq minutes. Vous n'avez ensuite qu'à le mettre au congélateur jusqu'à ce qu'il soit ferme. Si vous le faites un ou deux jours à l'avance, retirez-le du congélateur au moins 15 minutes avant de le servir.

1	paquet (15 oz/425 g) de framboises congelées	1
1	boîte (12 1/2 oz/355 ml) de limonade rose concentrée congelée	1
4 t	crème glacée à la vanille, légèrement ramollie	1 L

■ À l'aide du robot culinaire muni de la lame de métal, réduire les framboises congelées en cristaux. Ajouter la limonade congelée et incorporer aux framboises en utilisant l'interrupteur marche/arrêt.

■ Dans un grand bol, incorporer la préparation aux framboises à la crème glacée. Couvrir et mettre au congélateur jusqu'à ce que la crème soit ferme, pendant environ 3 heures. Donne 8 à 10 portions.

Sabayon à l'orange

Ce dessert italien est traditionnellement préparé avec du marsala. Parfumée à l'orange, avec du jus et de la liqueur, cette variante est absolument savoureuse.

6	jaunes d'oeufs	6
1/3 t	jus d'orange	75 ml
1/3 t	liqueur d'orange	75 ml
3 c. à tab	sucre	45 ml

■ Dans la partie supérieure d'un bain-marie (non en aluminium), au-dessus d'une eau mijotante, fouetter les jaunes d'oeufs avec le jus, la liqueur et le sucre. Cuire, en fouettant constamment, pendant 10 minutes ou jusqu'à ce que la préparation ait triplé de volume et ait légèrement épaissi. Servir aussitôt dans des verres à pied. Donne 6 portions.

> *CRÈME À L'ÉRABLE ET AUX NOIX*
>
> *Ce dessert à la fois nourrissant et léger est si facile à réaliser que même les enfants peuvent le faire en quelques minutes. Dans un bol, mélanger 3 tasses (750 ml) de yogourt avec 1/2 tasse (125 ml) de sirop d'érable. Incorporer 1/2 tasse (125 ml) d'arachides, d'amandes ou de pacanes hachées. Si désiré, parsemer de miettes de biscuits à l'érable. Donne 4 portions.*

Diplomate à la meringue

Ce dessert original met en valeur la combinaison toujours gagnante chocolat-bananes. Vous pouvez préparer à l'avance la meringue et la congeler, mais n'assemblez pas le dessert plus de 4 heures avant de le servir.

2 t	crème à 35 %	500 ml
3 c. à tab	sucre glace	45 ml
3 c. à tab	liqueur d'orange	45 ml
6 oz	chocolat mi-sucré	175 g
2 c. à tab	beurre	30 ml
3	bananes	3
	MERINGUE	
4	blancs d'oeufs	4
	Une pincée de crème de tartre	
1 t	sucre	250 ml
1/2 c. à thé	vanille	2 ml

■ **Meringue:** Dans un bol, battre les blancs d'oeufs avec la crème de tartre jusqu'à ce qu'ils forment des pics mous. Incorporer graduellement le sucre en battant jusqu'à ce qu'ils forment des pics fermes. Incorporer la vanille en battant.

■ Sur une plaque à pâtisserie tapissée de papier d'aluminium, verser la préparation avec une cuillère sur la plaque en formant des cercles de 2 po (5 cm). Cuire au four préchauffé à 250°F (120°C) pendant 2 heures. Laisser refroidir. Casser chaque meringue en 3 ou 4 morceaux. Réserver.

■ Dans un bol, fouetter la crème. Incorporer graduellement le sucre en battant. Incorporer la liqueur d'orange en pliant la préparation. Dans la partie supérieure d'un bain-marie, au-dessus d'une eau chaude mais non bouillante, ou dans un plat allant au micro-ondes, faire fondre le chocolat avec le beurre. Laisser refroidir légèrement. Couper les bananes en tranches de 1/2 po (1 cm) d'épaisseur.

■ Verser le tiers de la crème fouettée dans un bol de service d'une capacité de 8 à 10 tasses (2 à 2,5 L). Couvrir du tiers des morceaux de meringue. Arroser avec le tiers du chocolat fondu. Recouvrir avec la moitié des bananes tranchées. Refaire d'autres couches, dans le même ordre, avec le reste des ingrédients, en terminant avec le chocolat. Mettre au réfrigérateur jusqu'au moment de servir. Donne 8 à 10 portions.

SUCETTES GLACÉES À LA BANANE

Couper 2 bananes mûres, pelées, en 3 morceaux. Enfiler les morceaux de banane sur des bâtonnets de bois. Napper chaque morceau de banane de 1 c. à table (15 ml) de miel, puis rouler les morceaux dans 1/4 tasse (60 ml) d'arachides hachées. Envelopper de pellicule de plastique et mettre au congélateur. Donne 6 portions.

Pâté au chocolat

Si vous aimez les desserts alcoolisés, vous pouvez accentuer la saveur de ce pâté en y ajoutant une autre cuillerée de rhum. Vous pouvez présenter le pâté entier et l'arroser de sauce au chocolat avant de le trancher ou le dresser déjà tranché sur des assiettes individuelles avec les sauces, tel qu'illustré sur la couverture.

12 oz	chocolat mi-sucré, haché	375 g
1 3/4 t	crème à 35 %	425 ml
1 c. à tab	rhum	15 ml
	Crème anglaise et sauce au chocolat (facultatif) (voir recettes)	
	Sucre glace	

■ Tapisser un moule à pain de 8 × 4 po (1,5 L) avec de la pellicule de plastique. Réserver.

■ Dans un bol, au-dessus d'une eau chaude mais non bouillante, faire fondre le chocolat. Laisser refroidir complètement en brassant de temps à autre.

■ Dans un autre bol, fouetter la crème avec le rhum. Incorporer en fouettant le quart de la crème fouettée au chocolat. Incorporer le reste de la crème fouettée en pliant (en soulevant la préparation). Verser avec une cuillère dans le moule et lisser la surface. Couvrir et réfrigérer pendant au moins 4 heures, ou jusqu'à ce que le pâté soit ferme, ou au plus 3 jours.

■ Au moment de servir, démouler le pâté et retirer la pellicule de plastique. Couper en tranches de 1/2 po (1 cm) d'épaisseur. Mettre une tranche au centre de chaque assiette et, si désiré, verser environ 3 c. à table (45 ml) de sauce anglaise autour de la tranche de pâté. Asperger la sauce anglaise de sauce au chocolat et, à l'aide d'un cure-dent ou d'une brochette, dessiner des volutes avec les gouttelettes de sauce au chocolat. Saupoudrer légèrement de sucre glace. Donne 12 portions.

CRÈME ANGLAISE

4	jaunes d'oeufs	4
1/3 t	sucre	75 ml
2 t	lait	500 ml
1 c. à tab	vanille	15 ml

■ Dans un bol, fouetter les jaunes d'oeufs avec le sucre. Dans une casserole, faire chauffer le lait jusqu'à ce que de petites bulles apparaissent sur les bords de la casserole. Incorporer en fouettant le tiers du lait chaud aux jaunes d'oeufs.

■ Verser les jaunes d'oeufs dans la casserole. Cuire à feu moyen, en remuant avec une cuillère de bois, pendant 3 à 5 minutes ou jusqu'à ce que la sauce ait légèrement épaissi et nappe le dos de la cuillère. Ne pas faire bouillir.

■ Passer immédiatement la sauce dans un tamis très fin. La passer de nouveau, si nécessaire, de façon qu'elle soit bien lisse et onctueuse. Incorporer la vanille. Couvrir directement la surface de la sauce d'une pellicule de plastique. Mettre au réfrigérateur jusqu'à ce qu'elle soit bien froide ou pendant au plus 1 jour. Donne 2 tasses (500 ml) de sauce.

SAUCE AU CHOCOLAT

1 t	grains de chocolat mi-sucré	250 ml
1/4 t	sirop de maïs	60 ml
1/4 t	lait	60 ml
1 c. à tab	beurre	15 ml
1 c. à thé	vanille	5 ml

■ Dans une casserole, mélanger les grains de chocolat, le sirop de maïs, le lait et le beurre. Faire chauffer à feu doux, en remuant de temps à autre, jusqu'à ce que le chocolat soit fondu. Incorporer la vanille. Donne environ 1 tasse (250 ml) de sauce.

Crème caramel

Cette variante légère de la crème caramel est garnie d'un délicieux pralin aux noisettes.

1 1/2 t	lait	375 ml
1 t	crème à 10 %	250 ml
1	gousse de vanille (d'environ 4 po/10 cm)	1
2	oeufs	2
2	jaunes d'oeufs	2
2 c. à tab	sucre	30 ml
1 c. à thé	fécule de maïs	5 ml
	Pralin aux noisettes (voir recette)	

■ Dans une casserole à fond épais, mettre le lait, la crème et la gousse de vanille. Cuire à feu moyen-doux jusqu'à ce que des petites bulles apparaissent sur les bords de la casserole. Ne pas faire bouillir.

■ Entre temps, mettre les oeufs et les jaunes d'oeufs dans un bol. Mélanger le sucre et la fécule de maïs, et incorporer aux oeufs en battant. Incorporer graduellement le lait chaud en brassant constamment. Remettre dans la casserole et cuire à feu moyen-doux, en brassant, jusqu'à ce que la crème soit assez épaisse pour napper le dos d'une cuillère de métal. Passer la crème à travers un tamis au-dessus d'un moule d'une capacité de 4 tasses (1 L), ou de six ramequins. Laisser refroidir en brassant de temps à autre. Mettre au réfrigérateur pendant au moins 6 heures.

■ Environ deux heures avant de servir le dessert, étendre uniformément le pralin sur la crème. Mettre sur une plaque à pâtisserie et faire griller au four pendant 3 à 4 minutes ou jusqu'à ce que le pralin soit brun doré. Faire refroidir au réfrigérateur. Donne 6 portions.

PRALIN AUX NOISETTES

1/2 t	sucre	125 ml
2 c. à tab	noisettes grillées hachées	30 ml

■ Dans une petite casserole à fond épais, faire chauffer le sucre à feu moyen, sans brasser mais en secouant la casserole de temps à autre, pendant environ 3 minutes ou jusqu'à ce que le sucre ait fondu et soit doré. Parsemer une assiette beurrée des noisettes et verser le caramel dessus. Laisser refroidir le pralin jusqu'à ce qu'il soit dur. Casser en morceaux et le moudre finement à l'aide du robot culinaire (ou mettre dans un sac de plastique et broyer avec un rouleau à pâtisserie).

Poires Melba

Cette variante d'un mets classique, les pêches Melba, est tout aussi délicieuse que l'original. Utilisez des poires mûres et bien juteuses pour la réaliser.

1/3 t	jus d'orange	75 ml
2 c. à thé	fécule de maïs	10 ml
1	paquet (300 g) de framboises congelées, dégelées	1
1 c. à thé	zeste de citron râpé	5 ml
1 c. à tab	jus de citron	15 ml
4	grosses poires	4
	Crème glacée à la vanille	

■ Dans une petite casserole, mélanger le jus d'orange et la fécule. Ajouter les framboises, le zeste et le jus de citron. Cuire à feu moyen pendant 2 minutes ou jusqu'à ce que la préparation ait légèrement épaissi. Retirer du feu et laisser refroidir à la température de la pièce.

■ Peler et enlever le coeur des poires. Les couper en quartiers. Mettre une cuillerée de crème glacée dans chaque coupe et entourer de quartiers de poire. Napper de la sauce. Donne 4 portions.

FRAISES ET YOGOURT À LA VANILLE

Ce dessert à la saveur estivale plaira à tous. Il se prépare en un tournemain et est idéal lorsque vous devez recevoir à l'improviste. On peut y ajouter un peu de cassonade si les fruits ne sont pas très sucrés. Répartir 2 tasses (500 ml) de fraises tranchées dans quatre coupes. Mélanger 1 tasse (250 ml) de yogourt nature avec 1 cuillerée à table (15 ml) de cassonade tassée et 1/2 cuillerée à thé (2 ml) de vanille, et en napper les fraises. Donne 4 portions.

Tarte rustique aux prunes et aux nectarines

Accompagnez cette tarte de crème fouettée ou de crème anglaise. Vous pouvez remplacer les nectarines par des pêches ou utilisez uniquement des prunes.

1/2 t	sucre	125 ml
1/3 t	pacanes grillées*	75 ml
1/4 t	farine tout usage	60 ml
1 1/4 lb	prunes, coupées en quatre (environ 14)	625 g
1/2 lb	nectarines, coupées en pointes (environ 3)	250 g
1 c. à tab	beurre	15 ml
1 c. à tab	lait ou crème	15 ml
3 c. à tab	gelée de groseilles ou confiture d'abricots passée	45 ml

PÂTE		
2 t	farine tout usage	500 ml
1 c. à tab	sucre	15 ml
1/2 c. à thé	sel	2 ml
1/3 t	beurre froid, en dés	75 ml
1/3 t	saindoux froid, en dés	75 ml
1	jaune d'oeuf	1
1 c. à thé	jus de citron	5 ml
	Eau glacée	

■ **Pâte:** Dans un grand bol, mélanger la farine, le sucre et le sel. Incorporer le beurre et le saindoux avec deux couteaux jusqu'à ce que le mélange ressemble à une chapelure plus ou moins fine.

■ Dans une tasse à mesurer, battre le jaune d'oeuf avec le jus de citron et assez d'eau glacée pour obtenir 1/2 tasse (125 ml) de liquide. Incorporer vivement, 1 c. à table (15 ml) à la fois, assez de liquide aux ingrédients secs pour que la pâte tienne ensemble. Façonner en forme de disque, envelopper et réfrigérer pendant au moins 20 minutes.

■ Laisser reposer la pâte à la température de la pièce pendant 15 minutes avant de l'abaisser. Sur une surface légèrement farinée, abaisser la pâte en un cercle de 14 po (35 cm) sans se soucier de la finition des bords. Mettre l'abaisse sur une plaque à pizza de 12 po (30 cm) en laissant la pâte déborder de la plaque.

■ À l'aide du robot culinaire, moudre finement les pacanes avec 1/4 tasse (60 ml) du sucre et la farine. Étendre sur la pâte. Disposer les prunes et les nectarines sur les noix. Saupoudrer de 1/4 tasse (60 ml) de sucre. Parsemer du beurre coupé en petits dés.

■ Replier la pâte sur les fruits. Badigeonner la pâte de lait et saupoudrer d'un peu de sucre. Cuire au four préchauffé à 425°F (220°C) pendant 15 minutes. Réduire la chaleur du four à 375°F (190°C) et poursuivre la cuisson pendant 35 minutes ou jusqu'à ce que la pâte soit dorée et le jus bouillonnant, en couvrant si nécessaire la pâte de papier d'aluminium pour éviter qu'elle ne brûle. Laisser refroidir. Faire fondre la gelée et en badigeonner les fruits. Donne 10 à 12 portions.

*Pour griller les pacanes, les mettre sur une plaque à pâtisserie et les cuire au four préchauffé à 350°F (180°C) pendant 5 minutes ou jusqu'à ce qu'elles soient dorées.

Pâte tout usage

Cette recette de pâte plaira à tous les pâtissiers et pâtissières en herbe car elle est infaillible. Lorsque vous mesurez la farine, assurez-vous que la tasse est bien sèche et égalisez la surface avec un couteau.

6 t	farine à pâtisserie (ou 5 1/4 t/1,3 L de farine tout usage)	1,5 L
1 1/2 c. à thé	sel	7 ml
2 1/3 t	saindoux ou graisse végétale (shortening) (1 lb/454 g)	575 ml
1	oeuf	1
1 c. à tab	vinaigre blanc	15 ml
	Eau glacée	

■ Dans un grand bol, mélanger la farine et le sel. Incorporer le saindoux jusqu'à ce que le mélange ressemble à une fine chapelure avec quelques gros grains. Dans une tasse à mesurer, battre l'oeuf et le vinaigre avec une fourchette. Ajouter assez d'eau glacée pour obtenir 1 tasse (250 ml).

■ En brassant vivement avec une fourchette, incorporer graduellement (1 c. à table/15 ml à la fois) le mélange à l'oeuf aux ingrédients secs de façon à obtenir une pâte qui se tienne. Diviser la pâte en 6 parts et façonner chacune en boule. Envelopper dans de la pellicule de plastique et réfrigérer pendant au moins 20 minutes ou jusqu'à 1 semaine, ou congeler jusqu'à 3 mois. Laisser reposer la pâte à la température de la pièce pendant 15 minutes avant de l'abaisser. Donne 6 abaisses de 9 po (23 cm).

CINQ ÉTAPES POUR RÉUSSIR LES TARTES AUX FRUITS

1. Foncer d'une abaisse de pâte un moule à tarte de 9 po (23 cm).

2. Dans un grand bol, mélanger les fruits préparés, le sucre, la farine, 1 c. à table (15 ml) de jus de citron et le parfum (voir tableau).

3. Verser la préparation aux fruits dans le moule. Parsemer les fruits de 1 c. à table (15 ml) de beurre en petits dés.

4. Humecter les bords du fond de tarte et couvrir avec une deuxième abaisse. Tailler et canneler les bords. Entailler la pâte au centre de l'abaisse pour laisser s'échapper la vapeur. Badigeonner de lait ou de crème. Saupoudrer de sucre.

5. Cuire au four préchauffé à 425°F (220°C) pendant 15 minutes. Réduire à 350°F (180°C) et poursuivre la cuisson pendant 45 à 60 minutes ou jusqu'à ce que la pâte soit dorée.

• Une tarte aux fruits non cuite, bien envelop-pée, peut être congelée pendant 4 mois en procédant comme suit: augmenter la quantité de farine, pour chaque tarte, de 1 c. à table (15 ml) et ne pas entailler la pâte sur le dessus avant de faire cuire la tarte. Cuire les tartes congelées au four préchauffé à 450°F (230°C) pendant 15 minutes. Réduire à 375°F (190°C) et poursuivre la cuisson pendant 60 minutes (tout au plus).

• Les fruits préparés peuvent également être congelés, sans sucre. Au moment de préparer la tarte, faire dégeler partiellement les fruits pour qu'ils se séparent, et préparer la tarte selon les cinq étapes données précédemment, en ajoutant 1 c. à table (15 ml) de farine à la garniture et en faisant cuire la tarte pendant au plus 60 minutes. Si les fruits ont été congelés avec du sucre, soustraire la quantité ajoutée aux fruits de celle à incorporer à la garniture.

Pâte au robot culinaire

Cette pâte préparée avec le robot culinaire deviendra vite votre pâte favorite.

3 t	farine tout usage	750 ml
1 c. à thé	sel	5 ml
1/2 t	beurre froid, en cubes	125 ml
1/2 t	saindoux froid, en cubes	125 ml
1	oeuf	1
2 c. à thé	vinaigre blanc	10 ml
	Eau glacée	

■ À l'aide du robot culinaire muni de la lame de métal, mélanger la farine et le sel. En utilisant l'interrupteur marche/arrêt, incorporer le beurre et le saindoux jusqu'à ce que la préparation ressemble à une fine chapelure avec quelques gros grains.

■ Dans une tasse à mesurer, battre l'oeuf jusqu'à ce qu'il soit mousseux. Ajouter le vinaigre et assez d'eau glacée pour obtenir 2/3 tasse (150 ml). Actionner l'appareil et ajouter le mélange à l'oeuf. Laisser fonctionner l'appareil jusqu'à ce que la pâte commence à s'agglomérer et à former une boule.

■ Retirer la pâte et la diviser en trois parts. Façonner en boules, envelopper dans de la pellicule de plastique et mettre au réfrigérateur pendant au moins 30 minutes ou au plus 3 jours. Ou congeler pendant 3 mois. Laisser reposer la pâte à la température de la pièce pendant 15 minutes avant de l'abaisser. Donne 3 abaisses de 9 po (23 cm).

PRÉPARATION DES TARTES AUX FRUITS À DOUBLE CROÛTE

Fruit	Quantité	Sucre	Farine tout usage	Parfum
Bleuets	4 t (1 L)	2/3 t (150 ml)	3 c. à tab (45 ml)	1 c. à thé (5 ml) de zeste de citron râpé
Pêches	5 t (1,25 L), pelées et tranchées	3/4 t (175 ml)	1/4 t (60 ml)	2 c. à tab (30 ml) de gingembre confit haché
Prunes	5 t (1,25 L), coupées en deux ou en quatre selon la grosseur	1 t (250 ml)	1/4 t (60 ml)	1/2 c. à thé (2 ml) de cannelle
Framboises	4 t (1 L)	1 t (250 ml)	3 c. à tab (45 ml)	aucun
Griottes	4 t (1 L), dénoyautées	1 t (250 ml)	1/4 t (60 ml)	1/2 c. à thé (2 ml) d'extrait d'amande

Strudel aux cerises

La pâte phyllo se manie facilement, mais il faut procéder rapidement afin d'éviter que les feuilles de pâte ne se dessèchent.

3 t	griottes, dénoyautées	750 ml
1/2 t	sucre	125 ml
2 c. à tab	tapioca à cuisson rapide	30 ml
1 t	miettes de gâteau ou de pain frais	250 ml
1/2 t	amandes moulues	125 ml
6	feuilles de pâte phyllo	6
1/2 t	beurre fondu	125 ml
2 c. à tab	amandes tranchées (facultatif)	30 ml
	Sucre glace	
	Crème fouettée (facultatif)	

■ Dans un bol, mélanger les cerises, le sucre et le tapioca. Réserver. Mélanger les miettes de gâteau et les amandes moulues. Réserver.

■ Déposer une feuille de pâte phyllo sur un linge humide, en conservant les autres feuilles enveloppées dans du papier ciré et dans un linge humide pour ne pas qu'elles se dessèchent. Badigeonner légèrement

de beurre la feuille de pâte. Parsemer uniformément de 2 c. à table (30 ml) de miettes de gâteau. Couvrir d'une seconde feuille de pâte, la badigeonner de beurre et la parsemer de miettes de gâteau. Répéter les opérations avec le reste de la pâte, du beurre et des miettes de gâteau.

■ Remuer la préparation aux cerises et verser avec une cuillère sur la pâte, en laissant une bordure de 1 1/2 po (4 cm) sur chaque côté et à une extrémité. Replier les trois bordures sur la garniture. Rouler la pâte à partir de l'extrémité repliée, à l'aide du linge humide si nécessaire. Mettre le strudel, le pli en dessous, dans une plaque à gâteau roulé, graissée. Badigeonner légèrement de beurre fondu. Faire quatre incisions horizontales, également espacées, sur le dessus du strudel.

■ Cuire au four préchauffé à 400°F (200°C) pendant 30 à 35 minutes ou jusqu'à ce que la pâte soit croustillante et dorée. Si désiré, parsemer le strudel des amandes tranchées 5 minutes avant la fin de la cuisson. Saupoudrer le strudel de sucre glace pendant qu'il est encore chaud. Servir, si désiré, avec de la crème fouettée. Donne 8 à 10 portions.

LES JOLIES CERISES

Les deux variétés de cerises les plus communes sont les succulentes cerises Bing, de couleur grenat, et les cerises Montmorency, d'un rouge éclatant. Les cerises Bing se dégustent nature ou dans les salades de fruits. Coupées en deux et dénoyautées, arrosées de liqueur ou nature, elles sont délicieuses incorporées aux garnitures crémeuses ou à de la crème fouettée dans les gâteaux fourrés au chocolat. Les cerises Bing composent aussi de merveilleuses sauces. Les cerises Montmorency, un peu trop aigres pour être consommées nature, sont meilleures cuites et font d'excellentes gelées, confitures et tartes.

• Les cerises Montmorency sont celles qui se congèlent le mieux en vrac. Économisez de l'espace dans le réfrigérateur en étendant les cerises en couches simples dans un grand plat et en séparant les couches avec du papier absorbant. Pour les congeler, lavez et dénoyautez les cerises, puis sucrez-les (1/2 lb/250 g de sucre pour 5 lb/2,5 kg de fruits dénoyautés). Les cerises Bing peuvent être congelées non dénoyautées et sans sucre.

Meringue aux pêches

Cette tarte au goût fin est absolument délectable lorsqu'elle est apprêtée avec des pêches mûres et juteuses. Vous pouvez également en préparer une variante aux abricots en utilisant huit abricots juteux. Cette tarte ne se congèle pas, mais vous pouvez préparer à l'avance la garniture et la meringue, et les assembler au moment de servir.

4	pêches mûres, pelées et dénoyautées	4
1	boîte (300 ml) de lait concentré sucré	1
1 1/2 c. à thé	gélatine sans saveur	7 ml
1/4 t	jus de citron	60 ml
1/4 c. à thé	extrait d'amande	1 ml
1/2 t	crème à 35 %, fouettée	125 ml
	MERINGUE	
4	blancs d'oeufs	4
3/4 t	sucre à fruits (à dissolubilité instantanée)	175 ml
1 c. à thé	vinaigre	5 ml
1/2 c. à thé	extrait d'amande	2 ml
	DÉCORATION	
1/4 t	amandes en lamelles grillées	60 ml
2	pêches	2
1 c. à tab	jus de citron	15 ml

■ À l'aide du mélangeur ou du robot culinaire, réduire les pêches en purée. Incorporer le lait concentré et verser le mélange dans un bol.

■ Dans un petit bol non métallique, saupoudrer le jus de citron de la gélatine. Mettre dans une casserole d'eau chaude et chauffer à feu doux, en brassant, jusqu'à ce que la gélatine soit dissoute. Incorporer à la purée de pêches avec l'extrait d'amande. Incorporer la crème fouettée en pliant la préparation. Couvrir et réfrigérer pendant 3 heures ou jusqu'à 24 heures.

■ **Meringue:** Dans un bol, battre les blancs d'oeufs jusqu'à ce qu'ils forment des pics mous. Incorporer graduellement le sucre en battant jusqu'à ce que les blancs d'oeufs forment des pics fermes. Incorporer, toujours en battant, le vinaigre et l'extrait d'amande. Verser avec une cuillère dans un moule à tarte de 9 ou 10 po (23 ou 25 cm), en étendant la préparation sur les côtés du moule. Cuire au four préchauffé à 275°F (140°C) pendant environ 1 heure ou jusqu'à ce que la meringue soit dorée et légèrement sèche. Laisser refroidir sur une grille.

■ Verser la garniture avec une cuillère dans la meringue. Décorer avec les amandes grillées. Peler, dénoyauter et trancher les pêches en les arrosant au fur et à mesure du jus de citron. Disposer joliment sur la garniture.

Tarte aux pommes et aux canneberges

Cette tarte à la saveur incomparable se congèle bien.

	Pâte pour deux abaisses de 9 po (23 cm)	
2 t	canneberges	500 ml
1 1/2 t	sucre	375 ml
1/4 t	eau	60 ml
1 c. à thé	cannelle	5 ml
1/4 c. à thé	sel	1 ml
3	grosses pommes, pelées et tranchées	3
1 t	raisins secs sans pépins	250 ml
2 c. à tab	fécule de maïs	30 ml

DES TARTES PARFUMÉES

Les tartes aux pommes sont habituellement parfumées à la cannelle, alors que les autres tartes aux fruits sont apprêtées sans parfum. Pour donner un petit goût nouveau à vos tartes aux fruits, vous pouvez les rehausser d'une pincée de cannelle, de muscade ou de macis. Les pêches sont délicieuses avec un peu de gingembre confit haché, et les cerises avec quelques gouttes d'extrait d'amande. Le zeste d'orange râpé parfume bien les prunes, les pommes et les canneberges. Ou ajoutez une petite cuillerée de rhum ou de liqueur de fruit.

■ Sur une surface légèrement farinée, abaisser la moitié de la pâte et en foncer un moule à tarte de 9 po (23 cm).

■ Dans une casserole, mélanger les canneberges, le sucre, 2 c. à table (30 ml) de l'eau, la cannelle et le sel. Cuire à feu moyen pendant 10 minutes ou jusqu'à ce que les canneberges éclatent. Incorporer les pommes et les raisins.

■ Mélanger la fécule de maïs et le reste de l'eau, et incorporer à la préparation aux canneberges. Cuire, en brassant, pendant 5 minutes ou jusqu'à ce que la préparation ait légèrement épaissi.

■ Verser la préparation dans le moule. Abaisser le reste de la pâte et en recouvrir la garniture en laissant dépasser une bordure de pâte de 1 po (2,5 cm). Replier la bordure en dessous de l'autre abaisse et presser ensemble pour former un bord. Canneler le bord. Inciser la pâte afin que la vapeur puisse s'échapper à la cuisson. Cuire au four préchauffé à 400°F (200°C) pendant 35 minutes ou jusqu'à ce que la pâte soit dorée.

Tarte aux pommes

La glace à la confiture d'abricots donne à cette tarte aux pommes un aspect brillant des plus alléchants. Utilisez des pommes qui ne se défont pas à la cuisson telles que les Golden Delicious.

	Une abaisse de 9 po (23 cm)	
6	grosses pommes	6
1 c. à tab	jus de citron	15 ml
1/4 t	sucre	60 ml
1/2 t	raisins secs	125 ml
1 c. à tab	beurre, fondu	15 ml
1/2 t	confiture d'abricots	125 ml

■ Foncer de l'abaisse un moule à tarte de 9 po (23 cm). Canneler les bords. Peler et enlever le coeur des pommes. Couper les pommes en tranches de 1/4 po (5 mm) d'épaisseur de façon à obtenir 6 tasses (1,5 L) de fruits. Les arroser du jus de citron. Ajouter le sucre et bien mélanger pour les en enrober. Disposer, dans le moule, les tranches de pomme en cercles, en les faisant se chevaucher légèrement; refaire une deuxième couche de cercles de pommes. Parsemer des raisins et arroser du beurre fondu. Cuire sur la grille inférieure du four, préchauffé à 400°F (200°C), pendant environ 35 minutes.

■ Dans une petite casserole, faire fondre la confiture. En napper les pommes. Remettre au four pendant environ 5 minutes.

Tarte croustillante aux pêches

Cette recette, aussi facile que bonne, sera très populaire auprès de ceux et celles qui adorent les tartes mais qui manquent d'assurance lorsqu'il s'agit de confectionner la pâte.

1 1/2 t	farine tout usage	375 ml
1/2 t	sucre	125 ml
1/4 c. à thé	cannelle (facultatif)	1 ml
	Une pincée de sel	
1/2 t	beurre, ramolli	125 ml
	GARNITURE	
4 t	pêches pelées et tranchées (environ 10)	1 L
1 c. à tab	jus de citron	15 ml
1/2 t	sucre	125 ml
2 c. à tab	fécule de maïs	30 ml

■ Dans un bol, mélanger la farine, le sucre, la cannelle et le sel. À l'aide de deux couteaux, incorporer le beurre jusqu'à ce que la préparation soit friable. Réserver 3/4 tasse (175 ml) de la préparation.

■ Étendre en pressant le reste de la préparation dans le fond et sur les parois, à 3/4 po (2 cm) de hauteur, d'un moule à parois amovibles de 9 po (2,5 L). Mettre sur une plaque et cuire au four préchauffé à 425°F (220°C) pendant 5 minutes.

■ **Garniture:** Dans un bol, mélanger les pêches et le jus de citron. Mélanger le sucre et la fécule. En saupoudrer les pêches et mélanger délicatement. Verser les pêches dans la croûte. Cuire au four préchauffé à 400°F (200°C) pendant 40 minutes. Parsemer de la préparation réservée et cuire pendant encore 5 minutes ou jusqu'à ce que le dessus soit doré. Servir chaud ou froid.

Tarte aux pommes ▶

Fruits au four enrobés de pâte

Préparez ce dessert avec les fruits de la saison: pêches, pommes, nectarines ou prunes. La pâte est une variante de la pâte brisée et est excellente pour préparer des tartes.

	PÂTE AU FROMAGE À LA CRÈME	
1/2 t	beurre	125 ml
4 oz	fromage à la crème	125 g
1/4 t	sucre	60 ml
1	oeuf	1
1 3/4 t	farine tout usage	425 ml

	GARNITURE	
6	grosses pêches ou nectarines, pelées et dénoyautées	6
1/3 t	cassonade légèrement tassée	75 ml
1/4 t	raisins secs	60 ml
2 c. à tab	beurre, ramolli	30 ml
1/2 c. à thé	cannelle	2 ml
1/4 c. à thé	clou de girofle	1 ml

	SIROP	
1 t	cassonade tassée	250 ml
2/3 t	eau bouillante	150 ml
1/4 t	sirop d'érable	60 ml
1 c. à tab	jus de citron	15 ml

	DÉCORATION (facultatif)	
	Crème fouettée	

■ **Pâte au fromage à la crème:** Dans un bol, battre le beurre en crème avec le fromage à la crème et le sucre. Ajouter l'oeuf et bien battre. Ajouter la farine et mélanger. Façonner la pâte en boule, envelopper et mettre au réfrigérateur pendant 1 heure.

■ Abaisser la pâte en un rectangle de 12 × 9 po (30 × 23 cm) et de 1/8 po (3 mm) d'épaisseur. Couper en 6 carrés.

■ **Garniture:** Déposer une pêche entière sur chaque carré de pâte. Mélanger la cassonade, les raisins secs, le beurre, la cannelle et le clou de girofle. Répartir la préparation entre les fruits en en remplissant les cavités. Replier les coins de la pâte sur le fruit et pincer ensemble pour sceller. Mettre les fruits enrobés de pâte dans un plat allant au four de 13 × 9 po (3,5 L).

■ **Sirop:** Dans une casserole, faire chauffer ensemble, en brassant, la cassonade, l'eau et le sirop d'érable jusqu'à ce que la cassonade soit dissoute. Ajouter le jus de citron. Verser sur les fruits.

■ Cuire au four préchauffé à 400°F (200°C), en arrosant de sirop de temps à autre, pendant 35 à 45 minutes ou jusqu'à ce que la pâte soit dorée et les fruits tendres. Servir chaud ou froid. Décorer, si désiré, de crème fouettée. Donne 6 portions.

Croûte aux pêches glacées

Ce dessert, bien que facile à faire, produit toujours beaucoup d'effet. Conservez-le au réfrigérateur jusqu'au moment de le servir.

1/2 t	beurre	125 ml
1/4 t	sucre glace	60 ml
1 t	farine tout usage	250 ml
	GARNITURE	
2 c. à tab	confiture de pêches ou d'abricots, fondue	30 ml
1/4 lb	fromage à la crème	125 g
1/2 t	crème à 35 %	125 ml
1 c. à thé	zeste d'orange râpé	5 ml
6	pêches, pelées et tranchées	6
	GLACE	
2/3 t	jus d'orange	150 ml
1/2 t	confiture de pêches ou d'abricots	125 ml
2 c. à tab	fécule de maïs	30 ml
2 c. à tab	cassonade tassée	30 ml
	DÉCORATION	
1/2 t	crème à 35 %	125 ml
	Sucre	

■ À l'aide du robot culinaire, ou dans un bol avec un coupe-pâte, mélanger le beurre, le sucre glace et la farine jusqu'à ce que la pâte tienne ensemble lorsqu'on la presse avec les doigts. Étendre la pâte, en la pressant légèrement, sur une plaque à pizza. Piquer la pâte sur toute sa surface avec une fourchette. Cuire au four préchauffé à 350°F (180°C) pendant 15 à 20 minutes ou jusqu'à ce que la pâte soit dorée. Laisser refroidir.

■ **Garniture:** Badigeonner la pâte de la confiture fondue. Dans un bol, battre le fromage à la crème avec la crème et le zeste d'orange. Étendre sur la pâte. Disposer joliment les pêches sur la préparation crémeuse.

■ **Glace:** Dans une petite casserole, mélanger le jus d'orange, la confiture, la fécule et la cassonade. Cuire, en brassant constamment, jusqu'à ce que la préparation bouille et ait épaissi. Laisser refroidir un peu et en napper les pêches.

■ **Décoration:** Fouetter la crème et y ajouter du sucre, au goût. Avec une poche à douille ou une cuillère, tracer une bordure de crème fouettée autour de la tarte. Donne 8 à 10 portions.

Gâteau au fromage à la citrouille

Ce succulent gâteau au fromage, aromatisé de cannelle, de muscade et de piment de la Jamaïque, peut être préparé à l'avance.

CROÛTE		
2 t	miettes de gaufrettes graham	500 ml
2/3 t	beurre doux, fondu	150 ml
3 c. à tab	sucre	45 ml
	Une pincée de cannelle et de muscade	

GARNITURE		
1 lb	fromage à la crème (à la température de la pièce)	500 g
2/3 t	sucre	150 ml
1/4 t	farine tout usage	60 ml
6	oeufs	6
2 t	purée de citrouille fraîche ou en conserve	500 ml
1 c. à thé	cannelle	5 ml
3/4 c. à thé	muscade	4 ml
1/4 c. à thé	piment de la Jamaïque	1 ml

DÉCORATION		
1 t	crème à 35 %	250 ml
2 c. à tab	sucre glace	30 ml
	Raisins frais ou demi-pacanes (facultatif)	

■ **Croûte:** Dans un petit bol, mélanger les miettes de gaufrettes, le beurre, le sucre, la cannelle et la muscade. Étendre en pressant dans le fond et sur les parois d'un moule à parois amovibles de 10 po de diamètre (3 L). Mettre au réfrigérateur pendant la préparation de la garniture.

■ **Garniture:** Dans un grand bol, battre le fromage à la crème avec le sucre jusqu'à ce que le mélange soit léger et gonflé. Ajouter la farine en battant. Incorporer les oeufs, un à un, en battant bien après chaque addition. Incorporer la purée de citrouille et les épices. Verser dans la croûte.

■ Cuire au four préchauffé à 350°F (180°C) pendant 1 heure et 15 minutes ou jusqu'à ce que la garniture soit presque ferme au toucher. Passer un couteau contre les parois du moule pour en détacher le gâteau. Éteindre le four et y laisser reposer le gâteau pendant 30 minutes. Ouvrir la porte du four et y laisser ainsi le gâteau pendant encore 30 minutes.

■ Déposer le gâteau sur une grille et le laisser refroidir pendant 1 heure. Couvrir et réfrigérer pendant au moins 2 heures ou toute une nuit.

■ **Décoration:** Fouetter la crème et y incorporer graduellement le sucre en battant. Déposer le gâteau sur un plat de service et enlever les parois du moule. Garnir de rosettes de crème fouettée et, si désiré, de raisins. Donne 10 à 12 portions.

Shortcakes aux fruits d'été

Ces petits shortcakes sont différents du shortcake traditionnel non seulement dans le choix des fruits, mais aussi dans la confection de la pâte, qui est parfumée au citron. Vous pouvez les apprêter avec tous les fruits de la belle saison: fraises, bleuets, mûres, framboises, groseilles, prunes et pêches tranchées.

3 t	fruits frais mélangés	750 ml
3 c. à tab	sucre	45 ml
1 c. à tab	jus de citron	15 ml
1 t	purée de fraises	250 ml
1 t	crème à 35 %, fouettée	250 ml
	PÂTE SABLÉE AU CITRON	
	Lait	
	Zeste râpé et jus de 1 citron	
2 t	farine tout usage	500 ml
2 c. à tab	sucre	30 ml
4 c. à thé	levure chimique (poudre à pâte)	20 ml
1/2 c. à thé	sel	2 ml
2 c. à tab	graisse végétale (shortening)	30 ml
2 c. à tab	beurre	30 ml

■ Dans un bol, saupoudrer les fruits de 2 c. à table (30 ml) du sucre. Arroser du jus de citron. Mélanger pour bien enrober. Réserver.

■ **Pâte sablée au citron:** Dans une tasse à mesurer, ajouter assez de lait au jus de citron pour obtenir 2/3 tasse (150 ml) de liquide. Mélanger et laisser surir pendant 15 minutes.

■ Dans un bol, mélanger la farine avec le sucre, la levure chimique, le sel et le zeste de citron. Avec un coupe-pâte ou deux couteaux, incorporer la graisse végétale et le beurre aux ingrédients secs. Ajouter le lait suri et mélanger avec une fourchette pour obtenir une pâte molle. Ne pas trop mélanger.

■ Retourner la pâte sur une surface légèrement farinée et la pétrir six à huit fois. Abaisser la pâte pour qu'elle ait 1/2 po (1 cm) d'épaisseur. Avec un emporte-pièce rond, fariné, de 3 po (8 cm), tailler six cercles. Saupoudrer légèrement de sucre. Cuire sur une plaque à pâtisserie graissée dans un four préchauffé à 425°F (220°C) pendant 12 à 15 minutes ou jusqu'à ce que la pâte soit bien dorée. Laisser refroidir un peu et couper en deux horizontalement.

■ Garnir la partie inférieure des biscuits de préparation aux fruits. Mélanger la purée de fraises avec le reste du sucre et en napper les fruits. Garnir d'une cuillerée de crème fouettée. Couvrir de l'autre partie du biscuit. Garnir encore de crème fouettée et de fruits. Donne 6 portions.

Gâteau au fromage aux pommes

Les tranches de pommes sautées font un heureux contraste avec la garniture crémeuse de ce gâteau.

1 t	farine tout usage	250 ml
1/4 t	sucre	60 ml
1 c. à tab	zeste de citron râpé	15 ml
1	jaune d'oeuf	1
1/3 t	beurre, ramolli	75 ml
1/2 c. à thé	vanille	2 ml
	GARNITURE	
3	pommes (Northern Spy de préférence)	3
1/4 t	sucre	60 ml
2 c. à tab	beurre	30 ml
2 c. à tab	crème à 35 %	30 ml
1/2 lb	fromage à la crème	250 g
2/3 t	cassonade tassée	150 ml
2	oeufs	2
1 1/2 t	crème sure	375 ml
1 c. à tab	zeste de citron râpé	15 ml
1/3 t	jus de citron	75 ml
1 c. à thé	vanille	5 ml

■ Dans un bol, mélanger la farine, le sucre et le zeste de citron. Faire un puits au centre et ajouter le jaune d'oeuf, le beurre et la vanille. Mélanger avec les ingrédients secs jusqu'à ce que la préparation ressemble à une fine chapelure. (La préparation sera assez friable.) Étendre en pressant dans le fond et sur les parois, à 1/2 po (1 cm) de hauteur, d'un moule à parois amovibles, graissé, de 9 1/2 po (2,5 L). Cuire au four préchauffé à 325°F (160°C) pendant 12 à 15 minutes ou jusqu'à ce que la croûte soit légèrement dorée.

■ **Garniture:** Entre temps, peler et enlever le coeur des pommes. Les couper en deux, puis en tranches de 1/3 po (8 mm) d'épaisseur. Dans une poêle, faire fondre le sucre avec le beurre à feu moyen. Y cuire les pommes pendant 3 à 5 minutes ou jusqu'à ce qu'elles soient tendres (non défaites) et légèrement dorées. Ajouter la crème et cuire, en brassant de temps à autre, pendant 5 minutes ou jusqu'à ce que les pommes soient enrobées. Retirer du feu et réserver.

■ Dans un bol, battre le fromage avec 1/2 tasse (125 ml) de la cassonade jusqu'à ce que le mélange soit homogène. Incorporer un à un les oeufs en battant. Ajouter en battant 1 tasse (250 ml) de la crème sure, le zeste et le jus de citron.

■ À l'aide d'une écumoire, disposer les pommes dans la croûte. Verser la préparation au fromage sur les pommes et frapper le moule sur le comptoir pour éliminer les bulles d'air. Cuire au four préchauffé à 350°F (180°C) pendant 45 minutes ou jusqu'à ce que les côtés soient fermes, mais que le centre soit encore légèrement gélatineux. (La surface ne devrait pas être fendillée.)

■ Mélanger le reste de la crème sure avec le reste de la cassonade et la vanille. Étendre sur le gâteau chaud et cuire pendant 4 minutes. Passer un couteau entre le gâteau et les parois du moule. Laisser refroidir sur une grille à la température de la pièce. Couvrir et réfrigérer pendant plusieurs heures ou toute une nuit avant de démouler. Donne 8 portions.

Gâteau au fromage au chocolat blanc

Le chocolat blanc donne un gâteau au fromage plus moelleux et savoureux. Ce gâteau se congèle bien.

	CROÛTE	
1 1/2 t	miettes de gaufrettes au chocolat	375 ml
1/3 t	beurre, fondu	75 ml

	GARNITURE	
1/2 lb	chocolat blanc	250 g
1 lb	fromage à la crème	500 g
1/2 t	sucre	125 ml
3	oeufs	3
1 t	crème sure	250 ml
1 c. à thé	zeste d'orange râpé	5 ml
1 c. à thé	vanille	5 ml

	CRÈME	
1 t	crème sure	250 ml
1 c. à tab	sucre	15 ml
1/2 c. à thé	vanille	2 ml

	DÉCORATION	
	Rouleaux de chocolat*	
1 c. à tab	sucre glace	15 ml

■ **Croûte:** Dans un bol, mélanger les miettes de gaufrettes avec le beurre. Étendre le mélange en pressant dans un moule à parois amovibles de 9 po (2,5 L).

■ **Garniture:** Dans la partie supérieure d'un bain-marie, faire fondre le chocolat au-dessus d'une eau chaude mais non bouillante. Laisser refroidir pendant 5 minutes. Entre temps, dans un grand bol, battre en crème le fromage avec le sucre jusqu'à ce que le mélange soit léger. Incorporer un à un les oeufs en battant. Incorporer en battant le chocolat blanc, la crème sure, le zeste d'orange et la vanille. Verser sur la croûte et faire cuire au four préchauffé à 350°F (180°C) pendant 40 à 45 minutes ou jusqu'à ce que la garniture soit ferme.

■ **Crème:** Mélanger la crème sure, le sucre et la vanille. Étendre sur le gâteau chaud et remettre au four pendant 3 à 5 minutes ou jusqu'à ce que la crème soit ferme. Passer un couteau tout autour du gâteau pour le détacher des parois du moule et laisser refroidir complètement.

■ **Décoration:** Décorer joliment avec les rouleaux de chocolat et saupoudrer de sucre glace. Mettre au réfrigérateur. Donne 10 à 12 portions.
*Rouleaux de chocolat: Utiliser 6 oz (175 g) de chocolat mi-sucré à la température de la pièce. Tenir le chocolat dans la paume de la main jusqu'à ce qu'il soit légèrement ramolli, mais non fondu. À l'aide d'un couteau-éplucheur, prélever des rouleaux, en réchauffant de nouveau le chocolat dans la paume de la main si nécessaire.

Gâteau au chocolat et aux pacanes

Ce gâteau est recouvert d'une glace un peu liquide, que l'on verse sur le gâteau et qu'on laisse couler négligemment sur les côtés et dans l'assiette, masquant ainsi les petites imperfections que pourrait avoir le gâteau.

1 1/4 t	pacanes	300 ml
6 oz	chocolat mi-sucré, haché	175 g
3/4 t	beurre doux, en dés	175 ml
3/4 t	sucre	175 ml
4	oeufs, jaunes et blancs séparés	4
2 c. à tab	farine tout usage	30 ml
1/4 c. à thé	crème de tartre	1 ml
	GLACE	
8 oz	chocolat mi-sucré, haché	250 g
1/2 t	crème à 35 %	125 ml
3 oz	chocolat blanc	90 g

■ Sur une plaque à pâtisserie, cuire les pacanes au four préchauffé à 350°F (180°C) pendant 5 à 7 minutes ou jusqu'à ce qu'elles soient odorantes. Laisser refroidir. À l'aide du robot culinaire, hacher finement les pacanes pour obtenir environ 1 tasse (250 ml) de noix. Réserver.

■ Dans la partie supérieure d'un bain-marie, au-dessus d'une eau chaude mais non bouillante, faire fondre le chocolat avec le beurre. Dans un grand bol, battre les jaunes d'oeufs avec 1/2 tasse (125 ml) du sucre jusqu'à ce qu'ils soient mousseux. Incorporer le chocolat. Mélanger les pacanes avec la farine, et incorporer à la préparation au chocolat.

■ Dans un autre bol, battre les blancs d'oeufs avec la crème de tartre jusqu'à ce qu'ils forment des pics mous. Incorporer graduellement le reste du sucre, en battant, jusqu'à ce qu'ils forment des pics fermes.

■ Incorporer le tiers des blancs d'oeufs à la préparation au chocolat, puis incorporer délicatement, en pliant, le reste des blancs d'oeufs. Verser délicatement la préparation dans un moule à parois amovibles de 9 po (2,5 L) tapissé de papier-parchemin graissé. Cuire au four préchauffé à 350°F (180°C) pendant 35 à 40 minutes ou jusqu'à ce qu'un cure-dent inséré au centre du gâteau en ressorte légèrement humide et que le dessus du gâteau soit ferme. Laisser refroidir le gâteau dans le moule. (Le gâteau s'affaissera un peu en refroidissant.)

■ **Glace:** Dans la partie supérieure d'un bain-marie, au-dessus d'une eau chaude mais non bouillante, faire chauffer le chocolat noir avec la crème jusqu'à ce que le mélange soit homogène. Laisser refroidir jusqu'à consistance de crème épaisse.

■ Aplatir délicatement les côtés du gâteau refroidi pour en égaliser la surface. Retirer les parois du moule et retourner le gâteau dans un plat de service avec un rebord et d'un diamètre supérieur de 4 po (10 cm) à celui du gâteau. Retirer le fond du moule et le papier. Enlever délicatement les miettes à la surface du gâteau. *(Le gâteau peut être enveloppé et congelé pendant 4 mois.)*

■ Couvrir délicatement le dessus et les côtés du gâteau d'une fine couche de glace. Chauffer de nouveau le reste de la glace jusqu'à ce qu'elle soit liquide et un peu chaude, mais non très chaude. Verser la glace sur le gâteau, en tournant lentement le plat, de façon à le recouvrir complètement. (Une partie de la glace coulera dans le plat.) Réserver.

■ Dans la partie supérieure d'un bain-marie, au-dessus d'une eau chaude mais non bouillante, faire fondre le chocolat blanc. À l'aide d'une poche à douille, ou d'un papier-parchemin roulé en cône, dessiner des cercles concentriques sur le gâteau. Dessiner 1 ou 2 cercles autour du gâteau par-dessus la glace dans l'assiette. Passer la pointe d'un couteau à travers les cercles de chocolat blanc de façon à former des motifs décoratifs.

Gâteau épicé aux flocons d'avoine

Ce gâteau, facile à réaliser, est si tendre et moelleux qu'il disparaîtra en moins d'une journée.

2 t	flocons d'avoine	500 ml
2 1/2 t	eau bouillante	625 ml
2 2/3 t	farine tout usage	650 ml
2 c. à thé	bicarbonate de sodium	10 ml
1 1/2 c. à thé	cannelle	7 ml
1 c. à thé	sel	5 ml
1/2 c. à thé	muscade	2 ml
1 t	beurre (à la température de la pièce)	250 ml
1 1/2 t	cassonade tassée	375 ml
1 1/2 t	sucre	375 ml
4	oeufs	4
2 c. à thé	vanille	10 ml
	GARNITURE	
1/2 t	beurre, fondu	125 ml
1/3 t	crème à 10 %	75 ml
1 1/2 t	noix de coco en flocons	375 ml
1 t	cassonade tassée	250 ml
1 t	noix de Grenoble ou pacanes hachées	250 ml

■ Dans un bol, couvrir les flocons d'avoine avec l'eau bouillante. Laisser reposer pendant 1 1/2 heure ou jusqu'à ce que le mélange soit complètement refroidi.

■ Mélanger la farine, le bicarbonate de sodium, la cannelle, le sel et la muscade. Réserver.

■ Dans un grand bol, battre le beurre en crème. Incorporer la cassonade et le sucre et battre jusqu'à ce que le mélange soit gonflé. Ajouter en battant les oeufs et la vanille. Ajouter les flocons d'avoine refroidis et mélanger bien. Incorporer les ingrédients secs, un tiers du mélange à la fois, de façon à obtenir une préparation ferme. Étendre dans un moule de 13 × 9 po (3,5 L), graissé et fariné. Cuire au four préchauffé à 350°F (180°C) pendant 50 à 60 minutes ou jusqu'à ce qu'un cure-dent inséré au centre du gâteau en ressorte propre.

■ **Garniture:** Mélanger le beurre et la crème. Incorporer la noix de coco, la cassonade et les noix. Étendre sur le gâteau cuit. Faire griller au four pendant 2 à 3 minutes, jusqu'à ce que la garniture soit bouillonnante. Donne 24 portions.

Gâteau renversé aux poires glacé au citron

Préparé avec des fruits frais, ce gâteau est un pur délice.

4	poires	4
2 c. à tab	jus de citron	30 ml
3 c. à tab	beurre, ramolli	45 ml
3 c. à tab	sucre	45 ml
2 c. à tab	amandes tranchées	30 ml
1/2 t	beurre	125 ml
1/2 t	sucre	125 ml
2	oeufs, battus	2
1 c. à thé	zeste de citron râpé	5 ml
1/2 c. à thé	vanille	2 ml
1 t	farine à pâtisserie	250 ml
1 c. à thé	levure chimique (poudre à pâte)	5 ml
1/2 c. à thé	sel	2 ml
2 c. à tab	lait	30 ml
	Sirop au citron (voir recette)	

■ Peler et enlever le coeur des poires. Mettre le jus de citron dans un petit bol. Couper les poires en fines tranches dans le sens de la longueur en les déposant à mesure dans le jus de citron. Bien enrober les tranches de jus, les égoutter et les réserver.

■ Avec le beurre ramolli, graisser légèrement les parois d'un moule à gâteau rond de 9 po (1,5 L), et graisser généreusement le fond. Saupoudrer uniformément de 3 c. à table (45 ml) de sucre. Disposer les amandes en deux cercles concentriques dans le fond du moule. Cuire au four préchauffé à 375°F (190°C) pendant 7 minutes ou jusqu'à ce que les amandes soient bien dorées. Laisser refroidir.

■ Disposer les plus grandes tranches de poire en cercles concentriques dans le moule. Disposer les autres tranches par-dessus. Réserver le jus des poires.

■ Dans un grand bol, battre le beurre en crème. Ajouter le sucre et battre le mélange jusqu'à ce qu'il soit léger et gonflé. Incorporer les oeufs battus en trois temps, en battant bien après chaque addition. Incorporer le zeste de citron, la vanille et 2 c. à table (30 ml) du jus réservé.

■ Mélanger la farine, la levure chimique et le sel. Incorporer la moitié des ingrédients secs à la préparation aux oeufs en battant bien. Incorporer le lait, puis le reste des ingrédients secs. (La préparation sera consistante.) Verser avec une cuillère sur les poires et étendre uniformément.

■ Cuire au four préchauffé à 375°F (190°C) pendant 30 à 35 minutes ou jusqu'à ce que le gâteau soit doré et ferme au toucher. Laisser reposer pendant 5 minutes et retourner dans un plat. Verser uniformément le sirop au citron sur le gâteau (ne pas étendre avec un couteau). Servir à la température de la pièce.

SIROP AU CITRON

1/2 t	sucre	125 ml
2 c. à tab	jus de citron	30 ml

■ Dans une petite casserole à fond épais, mélanger le sucre et le jus de citron. Cuire à feu moyen, en brassant, jusqu'à ce que le sucre soit dissous. Augmenter le feu à moyen-vif et faire bouillir, sans brasser, jusqu'à ce que le sirop soit de couleur ambre pâle, en repoussant dans le sirop, à l'aide d'un pinceau mouillé, les cristaux de sucre qui adhèrent aux parois de la casserole.

Bombe au chocolat et sauce aux framboises

Voici un dessert qui ravira tous les amateurs de chocolat. Vous pouvez remplacer la liqueur de framboise par de la liqueur d'orange ou par du rhum. Si vous utilisez du rhum, remplacez le jus de framboise par du café bien fort.

12 oz	chocolat mi-sucré, haché grossièrement	375 g
3/4 t	jus de framboise concentré congelé, dégelé	175 ml
1/2 t	sucre	125 ml
1 t	beurre doux, en dés	250 ml
6	oeufs	6
1 c. à tab	liqueur de framboise	15 ml
	CRÈME	
1 t	crème à 35 %	250 ml
2 c. à tab	liqueur de framboise	30 ml
1 c. à tab	sucre à fruits (à dissolubilité instantanée)	15 ml
1 c. à tab	violettes confites*	15 ml
	SAUCE	
2	paquets (300 g chacun) de framboises surgelées non sucrées, dégelées	2
1/3 t	sucre à fruits	75 ml
2 c. à tab	liqueur de framboise	30 ml

■ Tourner à l'envers un bol à mélanger en acier inoxydable d'une capacité de 8 tasses (2 L). Le recouvrir d'une feuille de papier d'aluminium extra-fort en pressant le papier de façon à lui donner la forme du bol. Retirer le papier. Remettre le bol à l'endroit et le tapisser du papier moulé. Réserver.

■ Dans une casserole à fond épais, mettre le chocolat, le jus de framboise et le sucre. Faire chauffer à feu moyen-doux, en brassant constamment, jusqu'à ce que le chocolat soit fondu. Ne pas trop chauffer. Retirer du feu et incorporer le beurre en fouettant. Incorporer ensuite les oeufs, un à un, puis la liqueur.

■ Verser la préparation dans le bol tapissé de papier d'aluminium. Cuire au four préchauffé à 325°F (160°C) pendant 1 à 1 1/4 heure ou jusqu'à ce que la préparation soit légèrement gonflée et que le dessus forme une croûte. Laisser refroidir à la température de la pièce. Couvrir et réfrigérer toute une nuit. (Si nécessaire, presser légèrement les bords pour égaliser. Ne pas s'inquiéter si le centre s'affaisse.)

■ Retourner le bol dans un plat de service et retirer délicatement le bol et le papier.

■ **Crème:** Fouetter la crème et incorporer, en battant, la liqueur et le sucre. À l'aide d'une poche à pâtisserie munie d'une douille étoilée, décorer le gâteau de rosettes de crème. (Ou étendre la crème sur le gâteau et dessiner des volutes avec la pointe d'un couteau.) Parsemer de violettes confites.

■ **Sauce:** Bien égoutter les framboises et en réserver le jus. À l'aide du robot culinaire ou du mélangeur, réduire les framboises en purée. Passer la purée de framboises à travers un tamis pour en retirer les graines. Incorporer le sucre et la liqueur. (Si nécessaire, éclaircir la sauce avec un peu du jus des framboises réservé.)

■ Au moment de servir, napper chaque assiette d'un peu de sauce et y déposer une fine tranche de la bombe. Donne 16 à 20 portions.

*Les violettes confites sont vendues dans les épiceries fines et les pâtisseries.

Gâteau aux raisins secs et au fromage

Ce délicieux gâteau aux raisins secs est parfumé à l'orange. Le fromage à la crème lui donne une texture riche et moelleuse.

1 1/2 t	raisins secs	375 ml
1/4 t	liqueur ou jus d'orange	60 ml
1 t	beurre, ramolli	250 ml
1/2 lb	fromage à la crème	250 g
1 1/2 t	cassonade tassée	375 ml
4	oeufs	4
4 c. à thé	zeste d'orange râpé	20 ml
2 t	farine tout usage	500 ml
1 c. à tab	levure chimique (poudre à pâte)	15 ml
1/2 c. à thé	sel	2 ml
1/2 c. à thé	muscade	2 ml
	Sucre glace	

■ Dans une casserole, mettre les raisins et la liqueur et faire chauffer à feu doux pendant 1 à 2 minutes ou jusqu'à ce que les raisins soient gonflés et le liquide absorbé. Réserver.

■ Dans un grand bol, battre le beurre avec le fromage et la cassonade jusqu'à ce que le mélange soit léger. Incorporer un à un les oeufs en battant.

■ Mélanger la farine, la levure chimique, le sel et la muscade. Incorporer à la préparation aux oeufs en trois temps, en incorporant les raisins avec le dernier ajout d'ingrédients secs.

■ Verser dans un moule à cheminée de 9 po (3 L), graissé et fariné. Lisser la surface. Cuire au four à 300°F (150°C) pendant 80 minutes ou jusqu'à ce qu'un cure-dent inséré au centre du gâteau en ressorte propre. Laisser refroidir dans le moule pendant 5 minutes, puis sur une grille. Saupoudrer de sucre glace. Donne 8 à 10 portions.

GÂTEAUX — TRUCS ET CONSEILS

Lisez toujours soigneusement la recette avant de commencer. Préparez d'abord le ou les moules requis. Rappelez-vous que si vous utilisez un moule trop grand, le gâteau cuira trop rapidement; et si le moule est trop petit, le gâteau ne cuira pas correctement.

• Ne remplacez pas certains ingrédients par d'autres. Une pincée supplémentaire de ceci ou de cela peut modifier l'équilibre de la recette.

• Les ingrédients doivent être à la température de la pièce. Les oeufs se séparent mieux lorsqu'ils sont froids et doivent alors être amenés à

la température de la pièce avant d'être utilisés.

• Pour que les blancs d'oeufs atteignent un volume maximum lorsque vous les battez, lavez le bol et les batteurs dans de l'eau chaude savonneuse, puis rincez-les et séchez-les. Toute trace de graisse dans le bol ou de jaune d'oeuf dans les blancs peut empêcher les blancs de former des pics fermes.

• Mesurez les ingrédients avec soin et précision.

• Et n'oubliez pas d'allumer votre four avant de commencer la préparation du gâteau.

Croustillant à la rhubarbe et aux framboises

Mi-gâteau mi-tarte, ce dessert est habituellement préparé avec des pommes, mais vous pouvez l'apprêter avec les fruits de la saison (baies, cerises, pêches, abricots, poires). Rectifier alors la quantité de sucre selon l'aigreur des fruits choisis. Ce dessert est délicieux servi chaud avec de la crème fouettée.

1 1/2 t	farine tout usage	375 ml
2 c. à thé	levure chimique (poudre à pâte)	10 ml
1/4 t	sucre	60 ml
1/4 t	beurre	60 ml
1	oeuf, battu	1
1/2 t	crème à 10 %	125 ml
	GARNITURE AUX FRUITS	
3 t	rhubarbe fraîche grossièrement hachée	750 ml
1 t	framboises fraîches	250 ml
1 t	sucre	250 ml
1/4 t	farine tout usage	60 ml
1	oeuf, battu	1
2 c. à tab	beurre, fondu	30 ml
	GARNITURE CROUSTILLANTE	
1 t	farine tout usage	250 ml
3/4 t	sucre	175 ml
1/2 c. à thé	levure chimique (poudre à pâte)	2 ml
1/4 t	beurre	60 ml
2 c. à tab	crème à 10 %	30 ml

■ Dans un bol, mélanger la farine, la levure chimique et le sucre. Incorporer le beurre à l'aide de deux couteaux en le coupant très finement. Mélanger l'oeuf et la crème, et incorporer aux ingrédients secs, en ajoutant un peu plus de crème si nécessaire, jusqu'à l'obtention d'une pâte molle et collante. Avec les mains farinées, étendre uniformément la pâte dans un moule carré de 9 po (2,5 L), ou de 12 × 8 po (3 L), légèrement graissé.

■ **Garniture aux fruits:** Dans un bol, mélanger la rhubarbe, les framboises, le sucre et la farine. Mélanger l'oeuf et le beurre fondu, et incorporer délicatement aux fruits. Étendre uniformément sur la pâte dans le moule.

■ **Garniture croustillante:** Dans un bol, mélanger la farine avec le sucre et la levure chimique. Incorporer le beurre à l'aide de deux couteaux. Incorporer la crème de façon à obtenir une préparation friable. En parsemer les fruits.

■ Cuire au four préchauffé à 325°F (160°C) pendant 45 à 50 minutes ou jusqu'à ce que le dessert soit bien doré. Au moment de servir, couper en gros carrés. Donne 8 portions.

Gâteau roulé Forêt-Noire

Les cerises Bing (guignes noires) sont à l'honneur dans ce gâteau roulé, une variante du dessert classique, si populaire dans toutes les réceptions. Le gâteau au chocolat et le sirop aux cerises peuvent être préparés à l'avance. Il ne restera qu'à assembler le gâteau une heure avant de le servir.

1 t	farine tout usage	250 ml
1/4 t	cacao non sucré	60 ml
1 c. à thé	levure chimique (poudre à pâte)	5 ml
1/4 c. à thé	sel	1 ml
3	oeufs	3
1 t	sucre	250 ml
3 c. à tab	eau	45 ml
1 c. à thé	vanille	5 ml
	Sucre glace	
3 oz	chocolat mi-sucré, fondu	90 g

SIROP AUX CERISES

4 t	guignes noires	1 L
1 c. à tab	eau	15 ml
2 c. à tab	sucre	30 ml
2 c. à tab	liqueur de cerise ou cognac (ou un trait d'extrait d'amande)	30 ml

GARNITURE

1 t	crème à 35 %	250 ml
2 c. à tab	sucre glace	30 ml
1/2 c. à thé	vanille	2 ml

■ Mélanger la farine avec le cacao, la levure chimique et le sel. Réserver. Dans un grand bol, battre les oeufs jusqu'à ce qu'ils soient épais et jaune pâle. Incorporer peu à peu le sucre en battant. Incorporer l'eau et la vanille. Ajouter graduellement les ingrédients secs à la préparation liquide. Étendre la préparation dans une plaque à gâteau roulé de 15 × 10 po (40 × 25 cm), graissée et tapissée de papier ciré.

■ Cuire au four préchauffé à 375°F (190°C) pendant 10 à 12 minutes ou jusqu'à ce qu'un cure-dent inséré au centre du gâteau en ressorte propre. Retourner le gâteau sur un linge saupoudré légèrement de sucre glace. Retirer le papier et, en commençant par le bout le plus étroit, rouler le gâteau avec le linge. Laisser refroidir sur une grille, le pli en dessous. *(Le gâteau ainsi enveloppé dans le linge peut être mis dans un sac de plastique et conservé pendant une journée dans un endroit frais.)*

■ **Sirop aux cerises:** Dans une casserole à fond épais, écraser 2 tasses (500 ml) des cerises. Ajouter l'eau, couvrir et cuire à feu très doux pendant 15 à 20 minutes ou jusqu'à ce que les cerises aient rendu leur jus. Mettre la préparation dans un tamis au-dessus d'un bol et presser pour bien en extraire le jus. Remettre le jus dans la casserole, ajouter le sucre et amener à faible ébullition. Réduire le feu à moyen et laisser mijoter jusqu'à ce que le sirop soit réduit du tiers et ait la consistance d'un sirop léger. Ajouter 1 c. à table (15 ml) de la liqueur. Laisser refroidir. *(Le sirop peut être couvert et réfrigéré pendant une journée.)*

■ Couper en deux le reste des cerises et les dénoyauter. Arroser du reste de la liqueur, mélanger et réserver.

■ **Garniture:** Fouetter la crème et y incorporer le sucre et la vanille.

■ Dérouler le gâteau. Le badigeonner avec la moitié du sirop. Y étendre la garniture à la crème en laissant une bordure de 1/2 po (1 cm). Parsemer la garniture des cerises. Rouler le gâteau et le déposer, le pli en dessous, sur un plat de service. Badigeonner le gâteau du reste de sirop. Laisser reposer pendant 20 minutes.

■ Avec une cuillère, arroser en croisillons le gâteau de chocolat fondu. Mettre au réfrigérateur jusqu'à ce que le chocolat soit ferme, pendant 1 heure tout au plus. Donne 8 portions.

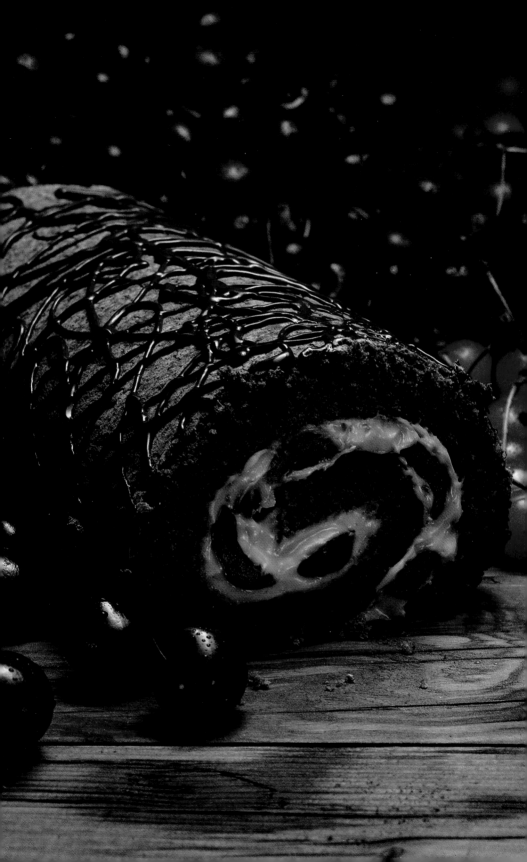

Gâteau au citron et aux bleuets

Ce gâteau est idéal pour un pique-nique car vous pouvez l'emporter dans son moule, bien enveloppé avec du papier d'aluminium.

3/4 t	beurre	175 ml
1 t	sucre	250 ml
4	oeufs	4
2 t	farine tout usage	500 ml
1 c. à tab	levure chimique (poudre à pâte)	15 ml
1/2 c. à thé	sel	2 ml
1/4 c. à thé	muscade	1 ml
1/2 t	lait	125 ml
2 c. à thé	zeste de citron râpé	10 ml
1 c. à thé	vanille	5 ml
2 t	bleuets	500 ml
	GLACE	
1/2 t	sucre	125 ml
2 c. à tab	jus de citron	30 ml

■ Dans un grand bol, battre le beurre en crème. Incorporer graduellement le sucre en battant jusqu'à ce que le mélange ait la consistance d'une crème fouettée épaisse. Incorporer un à un les oeufs en battant bien après chaque addition.

■ Mélanger la farine, la levure chimique, le sel et la muscade. Incorporer au mélange crémeux en alternant avec le lait. Incorporer le zeste de citron et la vanille. Incorporer les bleuets en pliant la préparation. Étendre l'appareil à gâteau dans un moule graissé de 13 × 9 po (3,5 L). Cuire au four préchauffé à 350°F (180°C) pendant 40 à 45 minutes ou jusqu'à ce que le gâteau soit doré et qu'un cure-dent inséré au centre en ressorte propre. Laisser reposer dans le moule pendant 5 minutes.

■ **Glace:** Entre temps, mélanger le sucre et le jus de citron. Laisser reposer pendant 20 minutes. Verser à la cuillère sur le gâteau chaud et étendre uniformément. Laisser refroidir complètement dans le moule sur une grille. Donne 12 à 15 portions.

Si vous trouvez les glaçages trop sucrés, saupoudrez vos gâteaux de sucre glace en utilisant une dentelle de papier comme pochoir. Ou confectionnez vous-même des pochoirs, avec un motif de fleurs, des chiffres ou des initiales. Déposez le pochoir sur le gâteau et saupoudrez-le généreusement de sucre glace à l'aide d'un petit tamis. Retirez délicatement le pochoir.

Gâteau aux carottes et au chocolat, glace au fromage et au chocolat

Décorez ce savoureux gâteau avec de petites carottes en pâte d'amandes.

1 1/2 t	farine tout usage tamisée	375 ml
3/4 t	cacao non sucré	175 ml
1 1/2 c. à thé	levure chimique (poudre à pâte)	7 ml
1 1/2 c. à thé	cannelle	7 ml
1 c. à thé	bicarbonate de sodium	5 ml
1/4 c. à thé	muscade	1 ml
	Une pincée de piment de la Jamaïque	
1/2 t	noix de Grenoble hachées, rôties*	125 ml
1/2 t	raisins secs	125 ml
1/3 t	noix de coco sucrée en flocons	75 ml
3	oeufs	3
3/4 t	cassonade tassée	175 ml
3/4 t	sucre	175 ml
3/4 t	huile végétale	175 ml
1/4 lb	chocolat mi-sucré, fondu	125 g
3 t	carottes râpées	750 ml
	GLACE	
1/2 lb	fromage à la crème	250 g
1/4 lb	chocolat mi-sucré, fondu	125 g
2 t	sucre glace	500 ml

■ Dans un bol, mélanger la farine, le cacao, la levure chimique, la cannelle, le bicarbonate de sodium, la muscade et le piment de la Jamaïque. Incorporer les noix, les raisins et la noix de coco.

■ Dans un grand bol, battre les oeufs. Ajouter graduellement, en battant, la cassonade et le sucre. Ajouter l'huile. Incorporer le chocolat fondu en battant. Incorporer les carottes. Ajouter le mélange des ingrédients secs et mélanger juste pour obtenir une préparation homogène.

■ Tapisser de papier ciré un moule à gâteau graissé de 13 × 9 po (3,5 L). Graisser le papier et verser la préparation dans le moule. Cuire au four préchauffé à 325°F (160°C) pendant 35 à 40 minutes ou jusqu'à ce que le gâteau reprenne sa forme sous une légère pression du doigt et que les côtés du gâteau commencent à se détacher du moule. Laisser refroidir.

■ **Glace:** Entre temps, battre le fromage à la crème dans un bol jusqu'à ce qu'il soit léger. Incorporer en battant le chocolat fondu. Incorporer graduellement le sucre glace en battant. Couvrir et mettre au réfrigérateur pendant 30 à 60 minutes. Étendre sur le gâteau refroidi. Donne 12 à 16 portions.

*Faire rôtir les noix de Grenoble sur une plaque à pâtisserie dans un four préchauffé à 350°F (180°C) pendant 10 minutes ou jusqu'à ce qu'elles soient légèrement dorées.

Gâteau mousse au chocolat et à la framboise

Les framboises et le chocolat forment toujours une combinaison gagnante. La recette du gâteau est donnée en double. Aussi pourrez-vous faire congeler l'autre gâteau et l'utiliser un autre jour pour préparer le même dessert plus rapidement.

GÂTEAU AU CHOCOLAT

3	oeufs, blancs et jaunes séparés	3
1/3 t	sucre	75 ml
1/2 t	farine tout usage	125 ml
2 c. à tab	cacao non sucré	30 ml

SIROP À LA FRAMBOISE

1/4 t	sucre	60 ml
1/4 t	eau	60 ml
2 c. à tab	liqueur de framboise (ou d'orange)	30 ml

MOUSSE AUX FRAMBOISES

1 1/2	sachet de gélatine sans saveur	1 1/2
1/4 t	eau	60 ml
2	paquets (300 g chacun) de framboises surgelées non sucrées, dégelées	2
3/4 t	sucre	175 ml
2 c. à tab	jus de citron	30 ml
2 c. à tab	liqueur de framboise	30 ml
2 t	crème à 35 %	500 ml

GLACE AU CHOCOLAT

4 oz	chocolat mi-sucré	125 g
1/4 t	crème à 35 %	60 ml

■ **Gâteau au chocolat:** Dans un grand bol, battre les jaunes d'oeufs avec 1/4 tasse (60 ml) du sucre jusqu'à ce que le mélange soit très pâle. Dans un autre bol, battre les blancs d'oeufs jusqu'à ce qu'ils forment des pics mous, puis incorporer graduellement le reste du sucre jusqu'à ce qu'ils forment des pics fermes. Incorporer les blancs d'oeufs aux jaunes d'oeufs en pliant (en soulevant) la préparation.

■ Tamiser la farine avec le cacao au-dessus de la préparation aux oeufs. Incorporer délicatement en pliant la préparation. Verser la préparation dans un moule à parois amovibles graissé de 8 po (2 L). Cuire au four préchauffé à 350°F (180°C) pendant 30 à 35 minutes ou jusqu'à ce que le gâteau reprenne sa forme sous une légère pression du doigt. Passer un couteau tout autour du gâteau pour le détacher des parois du moule. Laisser refroidir sur une grille.

■ **Sirop à la framboise:** Dans une petite casserole, mélanger le sucre et l'eau. Cuire à feu moyen pendant 1 minute ou jusqu'à ce que le sucre soit dissous. Incorporer la liqueur et laisser refroidir.

■ **Mousse aux framboises:** Dans une petite casserole, saupoudrer l'eau de la gélatine et laisser reposer pendant 5 minutes. Réduire les framboises en purée, à l'aide du mélangeur, du robot culinaire ou d'un petit moulin, et les passer à travers un tamis pour en retirer les graines de façon à obtenir 2 tasses (500 ml) de purée.

■ Mettre la purée dans une casserole et y ajouter le sucre et le jus de citron. Cuire à feu moyen, en brassant de temps à autre, pendant 5 minutes ou jusqu'à ce que le sucre soit dissous. Incorporer la liqueur et mettre dans un grand bol.

■ Faire chauffer la gélatine à feu doux jusqu'à ce qu'elle soit dissoute. Incorporer à la préparation aux framboises. Déposer le bol dans un plus grand bol rempli à demi de glace et d'eau glacée et laisser refroidir, en brassant de temps à autre, pendant

20 minutes ou jusqu'à ce que la préparation ait la consistance de blancs d'oeufs. Fouetter la crème et l'incorporer à la préparation aux framboises refroidie en pliant la préparation. Réserver 1/2 tasse (125 ml) de la préparation pour la garniture.

■ Couper le gâteau en 3 ou 4 fines tranches. Conserver 2 tranches de gâteau pour la recette et congeler le reste. Badigeonner les 2 tranches, sur un côté seulement, de sirop à la framboise. Déposer une tranche de gâteau, le côté badigeonné sur le dessus, dans un moule à parois amovibles de 9 po (2,5 L). Verser par-dessus la moitié de la mousse aux framboises. Couvrir de l'autre tranche de gâteau. Verser par-dessus assez de mousse pour presque atteindre le bord du moule, et lisser la surface de la mousse. Réfrigérer pendant 1 à 2 heures, jusqu'à ce que la mousse soit ferme.

■ **Glace au chocolat:** Dans la partie supérieure d'un bain-marie, au-dessus d'une eau chaude mais non bouillante, faire fondre le chocolat avec la crème, en brassant jusqu'à ce que le mélange soit homogène. Laisser refroidir à la température de la pièce jusqu'à ce qu'il ait la consistance d'une crème facile à étendre. Verser sur la mousse et étendre uniformément. Mettre le reste de la mousse dans une poche à pâtisserie munie d'une petite douille, et dessiner trois cercles concentriques sur le gâteau. Passer un cure-dent à travers les trois cercles de façon à reproduire une toile d'araignée. Mettre le gâteau au réfrigérateur jusqu'à ce qu'il soit bien froid.

Gâteau mousse au chocolat et à la framboise;
Gâteau-soufflé au chocolat (p. 46). ▲

Gâteau-soufflé au chocolat

Lorsqu'un soufflé refroidit, il perd un peu de son volume et devient un gâteau d'une légèreté incomparable. Ce gâteau est décoré de mousse au chocolat blanc et de rouleaux de chocolats noir et blanc. Assurez-vous que le chocolat est bien à la température de la pièce lorsque vous confectionnez les rouleaux.

GÂTEAU-SOUFFLÉ

6 oz	chocolat mi-sucré, haché	175 g
1/3 t	beurre doux	75 ml
6	oeufs, blancs et jaunes séparés	6
2 c. à tab	sucre	30 ml

MOUSSE AU CHOCOLAT BLANC

8 oz	chocolat blanc, haché	250 g
2 t	crème à 35 %	500 ml

DÉCORATION

2 oz	chocolat noir mi-sucré	60 g
2 oz	chocolat blanc	60 g

■ **Gâteau-soufflé:** Tapisser d'un cercle de papier ciré graissé un moule à parois amovibles, bien graissé, de 9 po (2,5 L). Réserver.

■ Dans la partie supérieure d'un bain-marie, au-dessus d'une eau chaude mais non bouillante, faire fondre le chocolat avec le beurre, en brassant, jusqu'à ce que le mélange soit homogène. Incorporer les jaunes d'oeufs en battant. Dans un bol, battre les blancs d'oeufs jusqu'à ce qu'ils forment des pics mous, puis incorporer le sucre et battre jusqu'à ce qu'ils forment des pics fermes. Incorporer à la préparation au chocolat en pliant. Verser délicatement dans le moule.

■ Cuire au four préchauffé à 400°F (200°C) pendant 10 minutes. Réduire la chaleur à 350°F (180°C) et poursuivre la cuisson pendant 20 minutes ou jusqu'à ce que le gâteau soit comme un soufflé. Laisser refroidir. Passer un couteau entre le gâteau et les parois du moule. Retirer l'anneau du moule et retourner le gâteau sur un plat de service. Retirer délicatement le papier ciré.

■ **Mousse au chocolat blanc:** Entre temps, mettre le chocolat blanc dans un bol. Dans une petite casserole, faire chauffer 1/2 tasse (125 ml) de la crème à feu moyen jusqu'à ce que de petites bulles apparaissent sur les bords de la casserole. Verser sur le chocolat et mélanger jusqu'à ce qu'il soit fondu. Incorporer le reste de la crème. Faire refroidir au réfrigérateur. Battre la crème au chocolat jusqu'à ce qu'elle forme des pics mous. Garnir le gâteau de mousse au chocolat avec une cuillère ou une poche à douille.

■ **Décoration:** Tremper un couteau-éplucheur pivotant dans de l'eau bouillante et bien l'essuyer. Sur un papier ciré, prélever des rouleaux de chocolats noir et blanc (à la température de la pièce) avec le couteau et les disposer sur le gâteau. Mettre au réfrigérateur pendant 2 heures avant de servir.

Gâteau aux fraises et à la crème

Génoise, fraises et crème fouettée... Tout simplement délicieux!

6	oeufs (à la température de la pièce)	6
1 t	sucre	250 ml
1 c. à thé	vanille	5 ml
1 t	farine à pâtisserie	250 ml
1/2 c. à thé	levure chimique	2 ml
1/3 t	beurre, fondu et tiédi	75 ml
	GARNITURE	
2 t	crème à 35 %	500 ml
2 c. à tab	sucre	30 ml
1/2 c. à thé	vanille	2 ml
2 t	fraises tranchées	500 ml
	DÉCORATION	
	Fraises entières	
	Fraises enrobées de chocolat (facultatif)	
1 oz	chocolat mi-sucré, fondu	30 g

■ Graisser un moule de 13 × 9 po (3,5 L). Tapisser le moule de papier ciré et graisser le papier.

■ Rincer à l'eau chaude un grand bol et bien l'essuyer. Y battre les oeufs jusqu'à ce qu'ils soient mousseux. Incorporer graduellement le sucre en battant. Battre à la vitesse maximale pendant 8 à 10 minutes, jusqu'à ce que la préparation soit jaune pâle et qu'elle ait triplé de volume. Incorporer la vanille.

■ Tamiser ensemble la farine et la levure chimique. Incorporer à la préparation aux oeufs en pliant. Incorporer de la même façon le beurre. Verser dans le moule. Cuire au four préchauffé à 325°F (160°C) pendant 25 à 30 minutes. Retourner le moule sur une grille. Enlever le papier et laisser refroidir. Couper le gâteau en deux horizontalement, puis couper chaque tranche en deux autres tranches.

■ **Garniture:** Fouetter la crème. Incorporer le sucre et la vanille en battant. Réserver 1 tasse (250 ml) de la crème fouettée. Incorporer les fraises au reste de la crème fouettée en pliant. Dresser le gâteau en étendant le tiers de la garniture sur chaque tranche de gâteau.

■ **Décoration:** Couvrir le gâteau de la crème fouettée réservée. Décorer avec des fraises entières et des fraises enrobées de chocolat, si désiré. Arroser du chocolat fondu. Donne 8 portions.

Pouding au pain au chocolat et sauce au Grand Marnier

Si vous aimez le pouding au pain à l'ancienne, vous raffolerez de cette version chocolatée. Il faut le couvrir pendant la cuisson afin d'éviter que le chocolat ne brûle.

8	tranches de pain aux oeufs, les croûtes enlevées	8
1/3 t	beurre doux, fondu	75 ml
1 1/2 t	crème à 10 % ou lait	375 ml
1 t	lait	250 ml
6 oz	chocolat mi-sucré, haché	175 g
3	oeufs	3
3	jaunes d'oeufs	3
1/2 t	sucre	125 ml
1 c. à thé	vanille	5 ml
	Crème anglaise au Grand Marnier (voir recette)	

■ Badigeonner les tranches de pain sur les deux côtés du beurre fondu et les déposer sur une plaque à pâtisserie. Cuire au four préchauffé à 400°F (200°C) pendant 3 à 5 minutes ou jusqu'à ce qu'elles soient bien dorées.

■ Dans une casserole à fond épais, faire chauffer la crème et le lait à feu moyen jusqu'à ce que des bulles apparaissent sur les bords. Retirer du feu. Ajouter le chocolat et mélanger jusqu'à ce que la préparation soit homogène.

■ Dans un bol, fouetter ensemble les oeufs, les jaunes d'oeufs et le sucre. Incorporer la préparation au chocolat et la vanille.

■ Disposer les tranches de pain dans un plat carré de 9 po (2,5 L) allant au four. Verser la crème par-dessus. Couvrir la surface du pouding avec une pellicule de plastique. Mettre un plat légèrement plus petit sur le pouding et y déposer de grosses boîtes de conserve. Laisser ainsi pendant 30 minutes.

■ Enlever les poids et la pellicule de plastique. Couvrir le plat avec du papier d'aluminium et le piquer avec une fourchette pour que la vapeur puisse s'en échapper à la cuisson.

■ Déposer le moule dans un grand moule peu profond. Verser de l'eau bouillante dans le grand moule jusqu'à mi-hauteur du petit moule. Cuire au four préchauffé à 325°F (160°C) pendant 1 heure et 15 minutes ou jusqu'à ce que le pouding soit ferme. Laisser refroidir pendant au moins 30 minutes avant de servir. *(Le pouding peut être couvert et réfrigéré pendant toute une nuit. Réchauffer à basse température ou servir froid.)*

■ Couper le pouding en carrés. Napper les assiettes de sauce avant d'y déposer le pouding. Napper d'un peu plus de sauce si désiré. Donne 8 portions.

CRÈME ANGLAISE AU GRAND MARNIER

2	jaunes d'oeufs	2
1/3 t	sucre	75 ml
2 c. à thé	farine tout usage	10 ml
1 t	lait	250 ml
1/2 t	crème à 10 %	125 ml
2 c. à tab	Grand Marnier ou autre liqueur d'orange	30 ml

■ Dans un bol, battre les jaunes d'oeufs avec le sucre et la farine jusqu'à ce que le mélange soit léger et de couleur citron. Dans une casserole, faire chauffer le lait et la crème jusqu'à ce que des bulles apparaissent sur les bords. Incorporer en battant à la préparation aux oeufs. Remettre dans la casserole et cuire à feu doux, en brassant constamment, jusqu'à ce que la crème ait épaissi. Incorporer la liqueur. Servir chaud ou froid. Donne environ 1 1/2 tasse (375 ml) de sauce.

Tourte aux prunes

Ce dessert à l'ancienne vous fera remémorer les repas chaleureux où parents et amis se retrouvaient autour de la même table. Cette tourte est délicieuse servie nature ou nappée d'un peu de crème.

4 t	prunes à pruneaux (prunes italiennes) coupées en quatre	1 L
3/4 t	sucre	175 ml
1/3 t	jus d'orange	75 ml
2 c. à tab	tapioca à cuisson rapide	30 ml
1 1/2 t	farine tout usage	375 ml
2 c. à tab	sucre	30 ml
1 c. à tab	levure chimique (poudre à pâte)	15 ml
1/2 c. à thé	sel	2 ml
3 c. à tab	beurre	45 ml
2 c. à tab	noix de coco en flocons	30 ml
2 c. à thé	zeste d'orange râpé	10 ml
2/3 t	lait	150 ml

■ Mettre les prunes dans un moule, bien graissé, de 11 × 7 po (2 L). Mélanger 3/4 tasse (175 ml) de sucre, le jus et le tapioca, et en arroser les fruits.

■ Dans un bol, mélanger la farine, 2 c. à table (30 ml) de sucre, la levure et le sel. Incorporer le beurre aux ingrédients secs jusqu'à ce que le mélange ressemble à une fine chapelure. Incorporer la noix de coco et le zeste. Avec une fourchette, incorporer le lait de façon à obtenir une pâte molle.

■ Retourner la pâte sur une planche farinée et la pétrir doucement 12 fois. Abaisser la pâte en un rectangle légèrement plus petit que le moule. Couper en 6 ou 8 carrés ou cercles. Dessiner une petite croix au centre de chaque carré et disposer sur les fruits. Saupoudrer légèrement de sucre.

■ Cuire au four préchauffé à 400°F (200°C) pendant 25 minutes ou jusqu'à ce que la pâte soit dorée. Servir chaud. Donne 6 à 8 portions.

Fraises au gratin

Dessert classique, d'une extrême simplicité, les fraises au gratin sont idéales lorsque vous recevez à la dernière minute.

2 t	fraises	500 ml
	Poivre	
4	jaunes d'oeufs	4
1/2 t	sucre à fruits (à dissolubilité instantanée)	125 ml
1/2 t	vin blanc sec	125 ml

■ Couper les fraises en deux dans le sens de la longueur. Les disposer en une seule couche dans un plat à gratin. Poivrer.

■ Dans une casserole à fond épais ou la partie supérieure d'un bain-marie, mélanger les jaunes d'oeufs, le sucre et le vin. Cuire à feu moyen, en fouettant constamment, pendant 6 à 8 minutes ou jusqu'à ce que la sauce nappe le dos d'une cuillère.

■ Napper les fraises de la sauce et faire griller au four pendant 1 à 2 minutes ou jusqu'à ce que la préparation soit bien dorée. Donne 4 portions.

Tourte aux prunes ▶

Fondue au beurre et au rhum

Servez cette succulente fondue avec des quartiers de pêche et de poire, des raisins, des morceaux de pomme et d'ananas, et des bouchées de quatre-quarts.

1/4 t	beurre	60 ml
3/4 t	cassonade légèrement tassée	175 ml
2 c. à tab	sirop de maïs	30 ml
1/4 t	crème à 35 %	60 ml
2 c. à tab	rhum (ou 1/2 c. à thé/ 2 ml d'arôme artificiel de rhum)	30 ml
	Fruits frais en morceaux (à la température de la pièce)	

■ Dans une casserole, faire fondre le beurre à feu moyen. Incorporer la cassonade et le sirop et faire chauffer, en brassant, jusqu'à ce que le sucre soit dissous. Ajouter la crème et amener à faible ébullition en brassant. Retirer du feu et incorporer le rhum. Laisser refroidir la sauce jusqu'à ce qu'elle ait la consistance d'une trempette. Verser dans un poêlon à fondue et déposer sur le réchaud. Enfiler les morceaux de fruits sur des brochettes et tremper dans la sauce. Donne 1 tasse (250 ml) de sauce.

Fondue au chocolat

Cette fondue se prépare en moins de 10 minutes. Surveillez-en bien la cuisson car le chocolat brûle facilement.

1/2 lb	chocolat au lait	250 g
1 oz	chocolat non sucré	30 g
1/2 t	crème à 10 %	125 ml
1/4 t	liqueur de café	60 ml
	Fruits frais en morceaux	

■ Dans un poêlon à fondue, faire fondre les deux chocolats à feu doux. Incorporer graduellement la crème, puis la liqueur de café. Enfiler les morceaux de fruits sur des brochettes et les tremper dans la sauce. Donne environ 1 tasse (250 ml) de sauce.

LES FRUITS POUR LA FONDUE

La fondue au chocolat est idéale lorsqu'on désire servir un dessert simple et sans cérémonie. Préparez une grande variété de fruits de façon à satisfaire tous les goûts. Présentez des fraises, des quartiers de pêche ou de poire, des raisins, des morceaux de pomme, d'ananas et de banane, des quartiers d'orange, des tranches de kiwi, des cubes de quatre-quarts.

Crêpes éclair

Ces crêpes sont idéales lorsque l'on veut préparer un bon dessert très rapidement, car il n'est pas nécessaire de laisser reposer l'appareil à crêpes avant de faire cuire celles-ci. On peut également les préparer à l'avance et les faire congeler entre des feuilles de papier ciré. Il ne reste plus qu'à les faire dégeler et réchauffer pour les servir avec une sauce aux fruits.

1 t	farine tout usage	250 ml
1 c. à tab	sucre	15 ml
1/4 c. à thé	sel	1 ml
1 1/2 t	lait	375 ml
2	oeufs	2
1/3 t	beurre, fondu	75 ml
	Sauce aux framboises ou sauce aux bleuets et au citron (voir recettes)	

■ Dans un bol, mélanger la farine, le sucre et le sel. Mélanger le lait avec les oeufs et 1/4 tasse (60 ml) du beurre. Ajouter aux ingrédients secs en fouettant bien.

■ Dans une poêle à crêpes de 8 po (20 cm), faire chauffer un peu du reste du beurre à feu moyen (ne pas laisser brunir le beurre). Verser 2 c. à table (30 ml) de l'appareil à crêpes dans la poêle et pencher vite l'ustensile pour en couvrir le fond. Cuire pendant 30 à 50 secondes ou jusqu'à ce que le dessous de la crêpe soit doré.

■ Retourner la crêpe et poursuivre la cuisson pendant 25 secondes. Mettre dans un plat chauffé. Faire sauter les autres crêpes en badigeonnant au préalable la poêle d'un peu de beurre. Au moment de servir, plier les crêpes en trois, le côté doré à l'extérieur. Arroser de sauce. Donne 12 crêpes.

SAUCE AUX FRAMBOISES

1	paquet (300 g) de framboises congelées non sucrées, dégelées	1
3 c. à tab	confiture de fraises	45 ml
2 c. à tab	sucre	30 ml

■ Réduire les framboises en purée à l'aide du mélangeur ou du robot culinaire. Au-dessus d'une casserole, presser la purée dans un tamis pour en retirer les graines. Ajouter la confiture et le sucre. Réchauffer jusqu'à ce que la sauce soit bouillonnante, pendant 5 minutes. Servir chaud, à la température de la pièce ou froid. Donne 1 tasse (250 ml) de sauce.

SAUCE AUX BLEUETS ET AU CITRON

1/2 t	eau froide	125 ml
1/3 t	sucre	75 ml
1 c. à tab	fécule de maïs	15 ml
1 t	bleuets congelés non sucrés	250 ml
1/2 c. à thé	zeste de citron râpé	2 ml
1 c. à tab	jus de citron	15 ml

■ Dans une petite casserole, mélanger l'eau, le sucre et la fécule. Ajouter les bleuets, le zeste et le jus de citron. Cuire à feu moyen jusqu'à ce que la sauce soit bouillonnante et épaisse, pendant environ 10 minutes. Donne 1 tasse (250 ml) de sauce.

Soufflé chaud au chocolat et sauce au café

Avec ce dessert sublime, les rêves de gourmandise des amateurs de chocolat deviendront réalité. Utilisez une crème glacée au café de qualité pour la préparation de la sauce.

6 oz	chocolat mi-sucré, haché	175 g
1/3 t	beurre doux	75 ml
6	oeufs, blancs et jaunes séparés	6
1/4 c. à thé	crème de tartre	1 ml
3 c. à tab	sucre	45 ml
	SAUCE	
2 t	crème glacée au café	500 ml
2 c. à tab	rhum brun ou liqueur de café (facultatif)	30 ml
	DÉCORATION	
	Fraises fraîches (facultatif)	
	Sucre glace tamisé	

■ Dans un bain-marie, au-dessus d'une eau chaude mais non bouillante, faire fondre le chocolat avec le beurre. Retirer du feu et y battre les jaunes d'oeufs. Verser dans un grand bol et fouetter jusqu'à ce que la préparation soit légèrement refroidie.

■ Dans un autre bol, battre les blancs d'oeufs avec la crème de tartre jusqu'à ce qu'ils forment des pics mous. Incorporer graduellement le sucre en battant jusqu'à ce qu'ils forment des pics fermes. Incorporer le quart des blancs à la préparation au chocolat. Incorporer, en pliant, le reste des blancs.

■ Saupoudrer de sucre un moule à soufflé bien graissé d'une capacité de 8 tasses (2 L). Y verser délicatement la préparation. *(Le soufflé peut être préparé jusqu'à cette étape et conservé à la température de la pièce pendant 1 heure.)* Cuire au four à 425°F (220°C) pendant 5 minutes. Réduire la température à 400°F (200°C) et cuire pendant 15 à 20 minutes, jusqu'à ce que le soufflé soit gonflé et presque ferme au toucher.

■ **Sauce:** Entre temps, faire fondre la crème glacée. Incorporer le rhum si désiré. Garnir de fraises. Saupoudrer le soufflé de sucre glace et servir immédiatement. Napper de sauce. Donne 8 à 10 portions.

Pouding à la lime et sauce aux fruits tropicaux

La texture de ce pouding ressemble à celle d'un gâteau de Savoie. Laissez-le refroidir un peu avant de le servir. Il n'en sera que meilleur.

1 1/4 t	farine à pâtisserie tamisée	300 ml
2 c. à thé	levure chimique (poudre à pâte)	10 ml
1/4 c. à thé	sel	1 ml
	Une pincée de macis	
1/2 t	sucre	125 ml
3 c. à tab	huile végétale	45 ml
2	jaunes d'oeufs	2
2 c. à tab	eau	30 ml
	Zeste râpé et jus de 1 lime	
3	blancs d'oeufs	3
	SAUCE	
1	boîte (14 oz/398 ml) d'ananas en morceaux	1
1 c. à thé	fécule de maïs	5 ml
2	tangerines	2
1	mangue, pelée et coupée en bouchées	1

■ Mélanger la farine, la levure chimique, le sel et le macis. Réserver. Dans un grand bol, mélanger le sucre avec l'huile, les jaunes d'oeufs, l'eau, le zeste et le jus de lime. Incorporer aux ingrédients secs en mélangeant bien.

■ Dans un bol, battre les blancs d'oeufs jusqu'à ce qu'ils forment des pics fermes. En incorporer 1 tasse (250 ml) à la préparation. Incorporer le reste des blancs d'oeufs en pliant. Verser dans un moule à cheminée, non graissé, d'une capacité de 6 tasses (1,5 L). Cuire au four préchauffé à 350°F (180°C) pendant 30 à 35 minutes ou jusqu'à ce que le dessus soit doré et que le pouding reprenne sa forme sous une légère pression du doigt. Retourner le moule et le suspendre pendant 5 minutes de façon que le pouding ne soit en contact avec rien.

■ **Sauce:** Égoutter les morceaux d'ananas. Mettre le jus dans une petite casserole et réserver les morceaux de fruit. Incorporer la fécule au jus. Presser le jus d'une tangerine et l'ajouter au jus d'ananas. Hacher finement 1 c. à thé (5 ml) de zeste de tangerine et ajouter aux jus. Au-dessus d'un bol, peler l'autre tangerine, la défaire en quartiers et retirer délicatement les membranes. Ajouter le jus dans la casserole et réserver quelques quartiers pour la décoration.

■ Amener le liquide à faible ébullition et cuire, en brassant, jusqu'à ce qu'il soit épais et clair. Réduire le feu à moyen-doux et cuire pendant 3 minutes. Incorporer délicatement tous les fruits et réchauffer en brassant.

■ Verser avec une cuillère environ 2 c. à table (30 ml) de sauce sur le bord du pouding. Détacher le pouding du bord du moule avec un couteau et démouler dans un plat avec un rebord assez élevé. Verser le reste de la sauce au centre du pouding et sur le dessus. Garnir des morceaux de tangerine réservés. Donne 8 portions.

Croustillant aux cerises

Les pacanes hachées donnent un peu plus de croquant à ce délicieux dessert à l'ancienne. Servez-le chaud avec de la crème ou de la crème glacée.

3 t	griottes dénoyautées	750 ml
1/2 t	sucre	125 ml
1 c. à tab	tapioca à cuisson rapide	15 ml
1 t	flocons d'avoine (non à cuisson instantanée)	250 ml
1/2 t	cassonade tassée	125 ml
1/4 t	farine tout usage	60 ml
1/4 t	pacanes hachées	60 ml
1/4 c. à thé	sel	1 ml
	Une pincée de clou de girofle et de muscade	
1/2 t	beurre	125 ml

■ Dans un moule à gâteau carré de 8 po (2 L), mélanger les cerises, le sucre et le tapioca. Réserver.

■ Dans un bol, mélanger les flocons d'avoine, la cassonade, la farine, les pacanes, le sel, le clou de girofle et la muscade. Avec un coupe-pâte ou deux couteaux, incorporer le beurre aux ingrédients secs jusqu'à ce que la préparation soit friable. Parsemer les cerises de la préparation. Cuire au four préchauffé à 375°F (190°C) pendant 35 à 40 minutes ou jusqu'à ce que le dessus soit doré et les cerises bouillonnantes. Servir chaud. Donne 8 portions.

Compote chaude de prunes

Les grosses prunes pourpres font une merveilleuse compote. Vous pouvez aussi préparer cette compote en y ajoutant des pommes et des poires.

3 t	jus de pomme non sucré	750 ml
1	bâton de cannelle de 2 po (5 cm) (ou 1/2 c. à thé/2 ml de cannelle moulue)	1
3	clous de girofle	3
1 c. à thé	zeste de citron râpé	5 ml
6	prunes, coupées en deux et dénoyautées (1 lb/500 g)	6

■ Dans une casserole, amener le jus de pomme à ébullition avec la cannelle, les clous de girofle et le zeste de citron. Baisser le feu à moyen et ajouter les prunes. Les faire pocher doucement pendant 5 à 8 minutes ou jusqu'à ce qu'elles soient tendres, en les retournant une fois et en les arrosant du liquide avec une cuillère.

■ Avec une écumoire, retirer les prunes de la casserole et les réserver au chaud. Augmenter le feu à vif et laisser bouillir le liquide pendant 10 minutes, jusqu'à ce qu'il devienne sirupeux. Filtrer le liquide et verser sur les prunes. Donne 4 portions.

Poires au xérès

Servez ces savoureux fruits en sauce dans de jolies coupes en verre et garnissez-les de
violettes confites. Ou nappez-en de la crème glacée à la vanille.

3 t	eau	750 ml
1 t	sucre	250 ml
	Le zeste de 1 citron	
5	poires	5
1/2 t	beurre	125 ml
2/3 t	xérès sec	150 ml
1/2 t	cassonade tassée	125 ml
2 c. à tab	jus de citron	30 ml
1 c. à tab	fécule de maïs	15 ml
1/4 t	raisins secs dorés	60 ml
1/4 t	cognac (facultatif)	60 ml

■ Dans une grande casserole, faire chauffer l'eau et le sucre à feu vif, en brassant, jusqu'à ce que le sucre soit dissous. Ajouter le zeste de citron et baisser le feu pour que le liquide mijote.

■ Peler et enlever le coeur des poires, puis les couper en quatre. Ajouter au sirop et cuire pendant 5 à 7 minutes ou jusqu'à ce qu'elles soient tendres. Égoutter et réserver les poires. Jeter le zeste.

■ Dans une casserole, faire fondre le beurre à feu doux. Ajouter en brassant le xérès, la cassonade, le jus de citron et la fécule. Amener à ébullition à feu moyen-vif, puis réduire le feu à moyen. Ajouter les raisins et laisser mijoter doucement pendant 5 minutes. Ajouter les poires et brasser délicatement pour bien les enrober de la sauce. Verser dans un bol de service. Si désiré, faire chauffer le cognac à feu doux dans une petite casserole. Flamber et verser sur les poires. Donne 6 portions.

Croustillant à la rhubarbe

Ce dessert ultra-croquant est délicieux servi chaud avec de la crème ou de la crème glacée.

4 t	rhubarbe grossièrement hachée	1 L
1 1/4 t	farine tout usage	300 ml
1/4 t	sucre	60 ml
1/2 t	confiture de fraises	125 ml
1 1/2 t	céréales granola	375 ml
1/2 c. à thé	cannelle	2 ml
1/2 c. à thé	gingembre	2 ml
1/2 t	cassonade tassée	125 ml
1/2 t	pacanes hachées	125 ml
1/2 t	beurre, ramolli	125 ml

■ Dans un bol, mélanger la rhubarbe avec 1/4 tasse (60 ml) de la farine et le sucre. Incorporer la confiture. Réserver.

■ Dans un autre bol, mélanger le reste de la farine, les céréales granola, la cannelle et le gingembre. Incorporer la cassonade et les pacanes. Ajouter le beurre et mélanger jusqu'à ce que la préparation soit friable.

■ Étendre en pressant 2 tasses (500 ml) de la préparation aux céréales dans un moule carré de 8 po (2 L). Couvrir de la préparation à la rhubarbe, puis du reste de la préparation aux céréales. Cuire au four préchauffé à 375°F (190°C) pendant 40 à 50 minutes ou jusqu'à ce que la garniture soit tendre et la croûte bien dorée. Donne 8 portions.

Compote chaude d'ananas

Vous pouvez mettre ce dessert au four en même temps que le plat principal, ou tout simplement le faire cuire pendant que vous prenez votre repas. Garnissez cette délicieuse compote de crème glacée à la vanille.

1	petit ananas	1
1/4 t	sirop d'érable	60 ml
2 c. à tab	rhum (facultatif)	30 ml
2 c. à tab	beurre	30 ml
	Crème fouettée ou crème glacée (facultatif)	

■ Parer l'ananas et le couper en bouchées. Mettre les morceaux d'ananas dans un plat allant au four d'une capacité de 8 tasses (2 L). Arroser du sirop d'érable et, si désiré, du rhum. Parsemer du beurre coupé en petits dés.

■ Bien couvrir et cuire au four préchauffé à 375°F (190°C) pendant 20 à 30 minutes ou jusqu'à ce que la compote soit bouillonnante. Garnir, si désiré, de crème fouettée. Donne 4 à 6 portions.

Demi-oranges grillées au four

Ce dessert hivernal par excellence, préparé avec des oranges sucrées et bien juteuses, est délicieux servi avec de la crème glacée.

2	grosses oranges sans pépins	2
2 c. à thé	cassonade tassée	10 ml
2 c. à thé	beurre, fondu	10 ml
1/4 c. à thé	vanille ou arôme artificiel de rhum	1 ml

■ Couper les oranges en deux en travers. Avec un couteau bien affilé, couper la pulpe autour des membranes et détacher celles-ci en laissant la pulpe dans l'écorce. Mettre les demi-oranges dans un plat peu profond allant au four. Mélanger la cassonade, le beurre et la vanille, et étendre sur les oranges. Faire griller pendant 2 à 4 minutes ou jusqu'à ce que les oranges soient bouillonnantes. Donne 4 portions.

Sauce au caramel

Pour accompagner la crème glacée à la vanille, cette sauce n'a pas sa pareille.

1 t	cassonade tassée	250 ml
1/2 t	sirop de maïs	125 ml
1/4 t	beurre	60 ml
2 c. à tab	eau	30 ml
1 c. à tab	vanille	15 ml
1/2 t	crème à 35 %	125 ml

■ Dans une casserole à fond épais, mettre la cassonade, le sirop de maïs, le beurre et l'eau. Amener à ébullition à feu moyen-vif en brassant constamment. Laisser bouillir pendant 1 minute. Réduire le feu à moyen et cuire pendant 5 minutes. Retirer du feu et incorporer la vanille. Laisser refroidir légèrement. Incorporer la crème. (La sauce épaissira en refroidissant.) Donne 1 1/2 tasse (375 ml) de sauce.

Super sauce au chocolat

Cette sauce accompagne à merveille la crème glacée et les gâteaux secs.

3 oz	chocolat mi-sucré	90 g
1/4 t	beurre doux	60 ml
1 c. à tab	rhum brun (facultatif)	15 ml
1 c. à tab	café fort	15 ml
1 t	sucre glace	250 ml
3/4 t	lait concentré (non sucré)	175 ml
1 c. à thé	vanille	5 ml

■ Dans une casserole à fond épais, faire chauffer le chocolat, le beurre, le rhum et le café à feu moyen jusqu'à ce que le chocolat soit fondu. Retirer du feu. Incorporer en fouettant le sucre et le lait.

■ Amener à ébullition à feu doux. Cuire en brassant pendant 5 minutes ou jusqu'à ce que la sauce soit épaisse et onctueuse. Retirer du feu et incorporer la vanille. (La sauce épaissira en refroidissant.) Donne 1 tasse (250 ml) de sauce.

Sauce à l'abricot et aux pacanes

Cette sauce est délicieuse avec de la crème glacée à la vanille ou au caramel et aux pacanes, ou avec un gâteau de Savoie ou un quatre-quarts.

1/2 t	confiture ou conserve d'abricots	125 ml
1/2 t	crème à 35 %	125 ml
1/2 t	pacanes hachées, rôties*	125 ml
2 c. à tab	beurre	30 ml
2 c. à tab	rhum	30 ml
1/2 c. à thé	vanille	2 ml

■ Dans une casserole, mélanger la confiture d'abricots et la crème. Amener à ébullition. Baisser le feu et laisser cuire doucement, en brassant, pendant 2 ou 3 minutes. Incorporer les noix, le beurre, le rhum et la vanille. Servir chaud ou à la température de la pièce. Donne environ 1 tasse (250 ml) de sauce.
*Faire rôtir les pacanes sur une plaque à pâtisserie dans un four préchauffé à 350°F (180°C) pendant 10 minutes ou jusqu'à ce qu'elles soient légèrement dorées.

Super sauce au chocolat ▶

Remerciements

Les personnes suivantes ont créé les recettes de la COLLECTION CULINAIRE COUP DE POUCE:
Elizabeth Baird, Karen Brown, Joanna Burkhard, James Chatto, Diane Clement, David Cohlmeyer, Pam Collacott, Bonnie Baker Cowan, Pierre Dubrulle, Eileen Dwillies, Nancy Enright, Carol Ferguson, Margaret Fraser, Susan Furlan, Anita Goldberg, Barb Holland, Patricia Jamieson, Arlene Lappin, Anne Lindsay, Lispeth Lodge, Mary McGrath, Susan Mendelson, Bernard Meyer, Beth Moffatt, Rose Murray, Iris Raven, Gerry Shikatani, Jill Snider, Kay Spicer, Linda Stephen, Bonnie Stern, Lucy Waverman, Carol White, Ted Whittaker et **Cynny Willet.**

Photographes: **Fred Bird, Doug Bradshaw, Christopher Campbell, Nino D'Angelo, Frank Grant, Michael Kohn, Suzanne McCormick, Claude Noel, John Stephens** et **Mike Visser.**

Rédaction et production: Hugh Brewster, Susan Barrable, Catherine Fraccaro, Wanda Nowakowska, Sandra L. Hall, Beverley Renahan et Bernice Eisenstein.

Texte français: Marie-Hélène Leblanc.

Index

PROCUREZ-VOUS CES LIVRES À SUCCÈS DE LA COLLECTION
COUP DE POUCE
Le magazine pratique de la femme moderne

CUISINE SANTÉ

Plus de 150 recettes nutritives et délicieuses qui vous permettront de préparer des repas sains et équilibrés, qui plairont à toute votre famille. Des entrées appétissantes, des petits déjeuners et casse-croûte tonifiants, des salades rafraîchissantes, des plats sans viande nourrissants et des desserts légers et délectables. Ce livre illustré en couleurs contient également des tableaux sur la valeur nutritive de chaque recette, des informations relatives à la santé et à l'alimentation, et des conseils pratiques sur l'achat et la cuisson des aliments....*24,95 $ couverture rigide*

CUISINE MICRO-ONDES

Enfin un livre qui montre comment tirer parti au maximum du micro-ondes. Ce guide complet présente plus de 175 recettes simples et faciles, 10 menus rapides pour des occasions spéciales, l'ABC du micro-ondes, des tableaux et des conseils pratiques. Vous y trouverez tout, des hors-d'oeuvre raffinés aux plats de résistance et aux desserts alléchants. Un livre indispensable si l'on possède un micro-ondes....*29,95 $ couverture rigide*

CUISINE D'ÉTÉ ET RECETTES BARBECUE

Profitez au maximum de la belle saison grâce à ce livre abondamment illustré de merveilleuses photos en couleurs regroupant plus de 175 recettes et 10 menus. Outre des grillades de toutes sortes, vous y trouverez des soupes froides, des salades rafraîchissantes, de savoureux plats d'accompagnement et de superbes desserts. Des informations précises et à jour sur l'équipement et les techniques de cuisson sur le gril font de ce livre un outil complet et essentiel pour la cuisine en plein air....*24,95 $ couverture rigide*

Ces trois livres de la collection *Coup de pouce* sont distribués par Diffulivre et vendus dans les librairies et les grands magasins à rayons. Vous pouvez vous les procurer directement de *Coup de pouce* en envoyant un chèque ou un mandat postal (au nom de *Coup de pouce*) au montant indiqué ci-dessus, plus 3 $ pour les frais d'envoi et de manutention et 7 % de TPS sur le montant total, à: *Coup de pouce*, C.P. 6416, Succursale A, Montréal (Québec), H3C 3L4.